胡適的人生智慧

要怎麼收穫，先那麼栽

在知識與反思中培育獨立思考的力量

胡適　著

「差不多先生傳」到「王昭君傳」，品文學之美
「我的歧路」至「我的信仰」，自述心境的轉變

從家鄉教育到國際思想交流，再從古典詩歌到當代教育
胡適以文學和哲學的力量，勾勒出一條求知與自省的道路

目錄

五　告訴年輕人的話

目錄

一　我的親友

九年的家鄉教育

我生在光緒十七年十一月十七日（一八九一年十二月十七），那時候我家寄住在上海大東門外。我生後兩個月，我父親被臺灣巡撫邵友濂奏調往臺灣；江蘇巡撫奏請免調，沒有效果。我父親於十八年二月底到臺灣，我母親和我搬到川沙住了一年。十九年（一八九三）二月二十六日我們一家（我母、四叔介如、二哥、三哥）也從上海到臺灣。我們在臺南住了十個月。十九年五月，我父親做臺東直隸州知州，兼統鎮海後軍各營。臺東是新設的州，一切草創，故我父不帶家眷去。到十九年底，我們才到臺東。我們在臺東住了整一年。

甲午（一八九四）中日戰事開始，臺灣也在備戰的區域，恰好介如四叔來臺灣，我父親便託他把家眷送回徽州故鄉，保留二哥跟著他在臺東。我們於乙未年（一八九五）

正月離開臺灣，二月初十日從上海起程回績溪故鄉。

那年四月，中日和議成，把臺灣割讓給日本。臺灣紳民反對割臺，要求巡撫唐景松堅守。唐景松請西洋各國出來干涉，各國不允。臺人公請唐為臺灣民主國大總統，幫辦軍務劉永福為主軍大總統。我父親在臺東辦後山的防務，電報已不通，餉源已斷絕。那時他已得腳氣病，左腳已不能行動，他守到閏五月初三日，始離開後山。到安平時，劉永福苦苦留他幫忙，不肯放行。到六月二十五日，他雙腳都不能動了，劉永福始放他行。六月二十八到廈門，手足俱不能動了。七月初三日他死在廈門，成為東亞第一個民主國的第一個犧牲者！

這時候我只有三歲零八個月，我彷彿記得我父死信到家時，我母親正在家中老屋的前堂，她坐在房門口的椅子上。她聽見讀信人讀到我父親的死信，身子往後一倒，連椅子倒在房門檻上。東邊房門口坐的珍伯母也放聲大哭起來，一時滿屋都是哭聲，我只覺得天地都翻覆了！我只彷彿記得這一點悽慘的情狀，其餘都不記得了。

我父親死時，我母親只有二十三歲。我父初娶馮氏，結婚不久便遭太平天國之亂，同治二年（一八六三）死在兵亂裡。次娶曹氏，生了三個兒子、三個女兒，死於光緒四年（一八七八）。

我父親因家貧，又有志遠遊，故久不續娶。到光緒十五年（一八八九），他在江蘇候補，生活稍稍安定，他才續娶我的母親，我母親結婚後三天，我的大哥也娶親了。那時我的大姐已出嫁生了兒子。大姐比我母親大七歲。大哥比她大兩歲。二姐是從小抱給人家的。三姐比我母親小三歲，二哥、三哥（孿生的）比她小四歲。這樣一個家庭裡忽然來了一個十七歲的後母，她的地位自然十分困難，她的生活自然免不了苦痛。

結婚後不久，我父親把她接到了上海同住。她脫離了大家庭的痛苦，我父又很愛她，每日在百忙中教她認字讀書，這幾年的生活是很快樂的。我小時也很得我父親鍾愛，不滿三歲時，他就把教我母親的紅紙方字教我認。父親作教師，母親便在旁做助教。我認的是生字。她便藉此溫她的熟字。他太忙時，她就是代理教師。我們離開臺灣時，她認得了近千字。我也認了七百多字，這些方字都是我父親親手寫的楷字。我母親終身儲存著，因為這些方塊紅箋上都是我們三個人的最神聖的團居生活的紀念。

我母親二十三歲就做了寡婦，從此以後，又過了二十三年。這二十三年的生活真是十分苦痛的生活，只因為還有我這一點骨血，她含辛茹苦，把全副希望寄託在我的渺茫不可知的將來，這一點希望居然使她掙扎著活了二十三年。

我父親在臨死之前兩個多月，寫了幾張遺囑，我母親和四個兒子每人各有一張，每張只有幾句話。給我母親的遺囑上說穈兒（我的名字叫嗣穈，穈字音門）天資頗聰明，應該令他讀書。給我的遺囑也教我努力讀書上進。這寥寥幾句話在我的一生很有重大的影響。

我十一歲的時候，二哥和三哥都在家，有一天我母親問他們道：「穈今年十一歲了。你老子叫他念書。你們看看他念書念得出嗎？」二哥不曾開口，三哥冷笑道：「哼，念書！」二哥始終沒有說什麼。我母親忍氣坐了一會，回到了房裡才敢掉眼淚。她不敢得罪他們，因為一家的財政權全在二哥的手裡，我若出門求學是要靠他供給學費的。所以她只能掉眼淚，終不敢哭。

但父親的遺囑究竟是父親的遺囑，我是應該念書的。況且我小時很聰明，四鄉的人都知道三先生的小兒子是能夠念書的。所以隔了兩年，三哥往上海醫肺病，我就跟他出門求學了。

我在臺灣時，大病了半年，故身體很弱。回家鄉時，我號稱五歲了，還不能跨一個七八寸高的門檻。但我母親望我念書的心很切，故到家的時候，我才滿三歲零幾個月，就在我四叔父介如先生（名機）的學堂裡讀書了。我的身體太小，他們抱我坐在一隻高凳子上面。我坐上了就爬不下來，還要別人抱下來。但我在學堂並不算最低階的學生。因為我進學堂之前已認得近一千字了。

因為我的程度不算「破蒙」的學生，故我不須念《三字經》、《千字文》、《百家姓》、《神童詩》一類的書。我念的第一部書是我父親自己編的一部四言韻文，叫做《學為人詩》，他親筆抄寫了給我的。這部書說的是做人的道理。我把開頭幾行抄在這裡：

為人之道，在率其性。
子臣弟友，循理之正；
謹乎庸言，勉乎庸行；
以學為人，以期作聖。

以下分說五倫。最後三節，因為可以代表我父親的思想。我也抄在這裡：

五常之中，不幸有變，
名分攸關，不容稍紊。
義之所在，身可以殉。

求仁得仁，無所尤怨。
古之學者，察於人倫，
因親及親，九族克敦；
因愛推愛，萬物同仁。
能盡其性，斯為聖人。
經籍所載，師儒所述，
為人之道，非有他術。
窮理致知，返躬踐實，
黽勉於學，守道勿失。

我念的第二部書也是我父親編的一部四言韻文，名叫《原學》，是一部略述哲理的書。這兩部書雖是韻文，先生仍講不了，我也懂不了。

我念的第三部書叫做《律詩六鈔》，我不記得是誰選的了。三十多年來，我不曾重見這部書，故沒有機會考出此書的編者；依我的猜測，似是姚鼐的選本，但我不敢堅持此說。這一冊詩全是律詩，我讀了雖不懂得，卻背得很熟。至今回憶，卻完全不記得了。

我雖不曾讀《三字經》等書，卻因為聽慣了別的小孩子高聲誦讀，我也能背這些書的一部分，尤其是那五七言的《神童詩》，我差不多能從頭背到底。這本書後面的七言句子，如：人心曲曲灣灣水，世事重重疊疊山。

我當時雖不懂得其中的意義，卻常常嘴上愛念著玩，大概也是因為喜歡那些重字雙聲的緣故。

我念的第四部書以下，除《詩經》，就都是散文的了。我依誦讀的次序，把這些書名寫在下面：

《孝經》。

朱子的《小學》，江永集注本。

《論語》。以下四書皆用朱子注本。

《孟子》。

《大學》與《中庸》。（《四書》皆連注文讀）

《詩經》，朱子《集傳》本。（注文讀一部分）

《書經》，蔡沈注本。（以下三書不讀注文）

《易經》，朱子《本義》本。

《禮記》。

讀到了《論語》的下半部，我的四叔父介如先生選了潁州府阜陽縣的訓導，要上任去了，就把家塾移交給族兄禹臣先生（名觀象）。四叔是個紳董，常常被本族或外村請出去議事或和案子；他又喜歡打紙牌（徽州紙牌，每副一百五十五張），常常被明達叔公、映基叔、祝封叔、茂張叔等人邀出去打牌。所以我們的功課很鬆，四叔往往在出門之前，給我們「上一進書」，叫我們自己念；他到天將黑時，回來一趟，把我們的習字紙加了圈，放了學，才又出門去。

四叔的學堂裡只有兩個學生，一個是我，一個是四叔的兒子嗣秫，比我大幾歲。嗣秫承繼給瑜嬸。（星五伯公的二子，珍伯、瑜叔，皆無子，我家三哥承繼珍伯，秫哥承繼瑜嬸。）她很溺愛他，不肯管束他，故四叔一走開，秫哥就溜到竈下或後堂去玩了。（他們和四叔住一屋，學堂在這屋的東邊小屋內。）我的母親管得嚴厲，我又不大覺得念書是苦事，故我一個人坐在學堂裡溫書念書，到天黑才回家。

禹臣先生接收家塾後，學生就增多了。先是五個，後來添到十多個，四叔家的小屋不夠用了，就移到一所大屋——名叫來新書屋——裡去。

最初添的三個學生，有兩個是守瓚叔的兒子，嗣昭、嗣逵。嗣昭比我大兩三歲。天資不算笨，卻不愛讀書，最愛「逃學」，我們土話叫做「賴學」。他逃出去，往往躲在麥田或稻田裡，寧可睡在田裡挨餓，卻不願念書。先生往往差嗣秫去捉；有時候，嗣昭被捉回來了，總得挨一頓毒打；有時候，連嗣秫也不回來了，——樂得不回來了，因為這是「奉命差遣」，不算是逃學！

我常覺得奇怪，為什麼嗣昭要逃學？為什麼一個人情願挨餓、挨打，挨大家笑罵，而不情願念書？後來我稍懂得世事，才明白了。瓚叔自小在江西做生意，後來在九江開布店，才娶妻生子；一家人都說江西話。回家鄉時，嗣昭弟兄都不容易改口音；說話改了，而嗣昭念書常帶江西音，常常因此吃戒方或吃「作瘤慄」。（鉤起五指，打在頭上，常打起瘤子，故叫做「作瘤慄」。）這是先生不原諒，難怪他不願念書。

還有一個原因。我們家鄉的蒙館學金太輕，每個學生每年只送兩塊銀元。先生對於這一類學生，自然不肯耐心教書，每天只教他們念死書，背死書，從來不肯為他們「講書」。小學生初念有韻的書，也還不十分叫苦。後來念《幼學瓊林》、《四書》一類的散文，他們自然毫不覺得有趣味，因為全不懂得書中說的是什麼。因為這個緣故，許多學生常常賴學；先有嗣昭，後來有個士祥，都是有名的「賴學胚」。他們都屬於這每年兩元錢的階級。因為逃學，先生生了氣，打得更厲害。越打得厲害，他們越要逃學。

我一個人不屬於這「兩元」的階級。我母親渴望我讀書，故學金特別優厚，第一年就送六塊錢，以後每年增加，最後一年加到十二元，這樣的學金，在家鄉要算「打破紀錄」的了。我母親大概是受了我父親的叮囑，她囑託四叔和禹臣先生為我「講書」：每讀一字，須講一字的意思；每讀一句，須講一句的意思。我先已認得了近千個「方字」；每個字都經過父親的講解，故進學堂之後，不覺得艱苦。念的幾本書雖然有許多是鄉裡先生講不明白的，但每天總遇著幾句可懂的話。

我最喜歡朱子《小學》裡的記述古人行事的部分，因為那些部分最容易懂得，所以比較最有趣味。同學之中有念《幼學瓊林》的，我常常幫他們的忙，教他們不認得的生字，因此常常借這些書看；他們念大字，我卻最愛看《幼學瓊林》的小注，因為注文中有許多神話和故事，比《四書》、《五經》有趣味多了。有一天，一件小事使我忽然明白我母親增加學金的大恩惠。一個同學的母親來請禹臣先生代寫家信給她的丈夫；信寫成了，先生交她的兒子晚上帶回家去。一會兒，先生出門去了，這位同學把家信抽出來偷看。他忽然過來問我道：「糜，這信上第一句『父親大人膝下』是什麼意思？」他比我只小一歲，也念《四書》，卻不懂「父親大人膝下」是什麼！這時候，我才明白我是一個受特別待遇的人，因為別人每年出兩塊錢，我去年卻送十塊錢。我一生最得力的是講書，父親母親為我講方字，兩位先生為我講書。念古文而不講解，等於念「揭諦揭諦，波羅揭諦」，全無用處。

當我九歲時，有一天我在四叔家東邊小屋裡玩耍。這小屋前面是我們的學堂，後邊有一間臥房，有客來便住在這裡。這一天沒有課，我偶然走進那臥房裡去，偶然看見桌子下一隻美孚煤油板箱裡的廢紙堆中露出一本破書。我偶然撿起了這本書，兩頭都被老鼠咬壞了，書面也扯破了，但這一本破書忽然為我開闢了一個新天地，忽然在我的兒童生活史上開啟了一個新鮮的世界！

這本破書原來是一本小字木板的《第五才子》，我記得很清楚，開始便是「李逵打死殷天錫」一回。我在戲臺上早已認得李逵是誰了，便站在那隻美孚破板箱邊，把這本

《水滸傳》殘本一口氣看完了。不看尚可，看了之後，我的心裡很不好過：這一本的前面是些什麼？後面是些什麼？這兩個問題，我都不能回答，卻最急要一個回答。

我拿了這本書去尋我的五叔。因為他最會「說笑話」（「說笑話」就是「講故事」，小說書叫做「笑話書」），應該有這種笑話書。不料五叔竟沒有這書，他叫我去尋宋煥哥。宋煥哥說：「我沒有《第五才子》，我替你去借一部；我家中有部《第一才子》，你先拿去看，好嗎？」《第一才子》便是《三國演義》，他很鄭重的捧出來，我很高興的捧回去。

後來我居然得著《水滸傳》全部。《三國演義》也看完了。從此以後，我到處去借小說看。五叔，宋煥哥，都幫了我不少的忙。三姐夫（周紹瑾）在上海鄉間周浦開店，他吸鴉片煙，最愛看小說書，帶了不少回家鄉；他每到我家來，總帶些《正德皇帝下江南》、《七劍十三俠》一類的書來送給我。這是我自己收藏小說的起點。我的大哥（嗣稼）最不長進，也是吃鴉片煙的，但鴉片煙燈是和小說書常做伴的，——五叔、宋煥哥、三姐夫都是吸鴉片煙的，——所以他也有一些小說書。大嫂認得一些字，嫁妝裡帶來了好幾種彈詞小說，如《雙珠鳳》之類。這些書不久都成了我的藏書的一部分。

三哥在家鄉時多；他同二哥都進過梅溪書院，都做過南洋公學的師範生，舊學都有根底，故三哥看小說很有選擇。我在他書架上只尋得三部小說：一部《紅樓夢》，一部《儒林外史》，一部《聊齋志異》。二哥有一次回家，帶了一部新譯出的《經國美談》，講的是希臘的愛國志士的故事，是日本人做的。這是我讀外國小說的第一步。

幫助我借小說最出力的是族叔近仁，就是民國十二年和顧頡剛先生討論古史的胡堇人。他比我大幾歲，已「開筆」做文章了，十幾歲就考取了秀才。我同他不同學堂，但常常想見。成了最要好的朋友。他天才很高，也肯用功，讀書比我多，家中也頗有藏書。他看過的小說，常借給我看。我借到的小說，也常借給他看。我們兩人各有一個小手摺，把看過的小說都記在上面，時時交換比較，看誰看的書多，這兩個摺子後來都不見了。但我記得離開家鄉時，我的摺子上好像已有了三十多部小說了。這裡所謂「小說」，包括彈詞、傳奇，以及筆記小說在內。《雙珠鳳》在內，《琵琶記》也在內；《聊齋》、《夜雨秋燈錄》、《夜譚隨錄》、《蘭苕館外史》、《寄園寄所寄》、《虞初新志》等等也在內。從《薛仁貴征東》、《薛丁山征西》、《五虎平西》、《粉妝樓》一類最無意義的小說，到《紅樓夢》和《儒林外史》一類的第一流作品，這裡面的程度已是天懸地隔了。我到離開家鄉時，還不能了解《紅樓夢》和《儒林外史》的好處。但這一大類都是白話小說，我在不知不覺之中得了不少的白話散文的訓練，在十幾年後於我很有用處。

看小說還有一樁絕大的好處，就是幫助我把文字通順了。那時候正是廢八股詩文的時代，科舉制度本身也動搖了。二哥、三哥在上海受了時代思潮的影響，所以不要我「開筆」作八股文，也不要我學做策論經義。他們只要先生給我講書，教我讀書。但學堂裡念的書，越到後來，越不好懂了。《詩經》起初還好懂，讀到〈大雅〉，就難懂了；讀到〈周頌〉，更不可懂了。《書經》有幾篇，如〈五子之歌〉，我讀得很起勁；但〈盤庚〉三篇，我總讀不熟。我在學堂九年，只有〈盤庚〉害我挨了一次打。後來隔了十多年，我才知道《尚書》有今文和古文兩大類，向來學者都說古文諸篇是假的，今文是真的；〈盤庚〉屬於今文一類，應該是真的，但我研究〈盤庚〉用的代名詞最雜亂不成條理，故我總疑心這三篇書是後人假造的。有時候，我自己想，我的懷疑〈盤庚〉，也許暗中含有報那一個「作瘤慄」的仇恨的意味罷？

《周頌》、《尚書》、《周易》等書都是不能幫助我作通順文字的。但小說書卻給了我絕大的幫助。從《三國演義》讀到《聊齋志異》和《虞初新志》，這一跳雖然跳的太遠，但因為書中的故事實在有趣味，所以我能細細讀下去。石印本的《聊齋志異》有圈點，所以更容易讀，到我十二三歲時，已能對本家姐妹們講說《聊齋》故事了。那時候，四叔的女兒巧菊，禹臣先生的妹子廣菊、多菊，祝封叔的女兒杏仙，和本家姪女翠蘋、定嬌等，都在十五六歲之間；他們常常邀我去，請我講故事。我們平常請五叔講故事時，忙著替他點火，裝旱菸，替他捶背。現在輪到我受人巴結了。我不用人裝煙捶背，她們聽我說完故事，總去泡炒米，或做蛋炒飯來請我吃。她們繡花做鞋，我講〈鳳仙〉、〈蓮香〉、〈張鴻漸〉、〈江城〉。這樣的講書，逼我把古文的故事翻譯成績溪土話，使我更了解古文的文理。所以我到十四歲來上海開始作古文時，就能作很像樣的文字了。

我小時候身體弱，不能跟著野蠻的孩子們一塊兒玩。我母親也不准我和他們亂跑亂跳。小時不曾養成活潑遊戲習慣，無論在什麼地方，我總是文縐縐地。所以家鄉老輩都說我「像個先生樣子」，遂叫我做「穈先生」。這個綽號叫出去之後，人都知道三先生的小兒子叫做穈先生了。即有「先生」之名，我不能不裝出點「先生」樣子，更不能跟著頑童們「野」了。有一天，我在我家八字門口和一班孩子「擲銅錢」，一位老輩走過，見了我，笑道：「穈先生也擲銅錢嗎？」我聽了羞愧得面紅耳熱，覺得太失了「先生」身分！

大人們鼓勵我裝先生樣子，我也沒有嬉戲的能力和習慣，又因為我確是喜歡看書，故我一生可算是不曾享過兒童遊戲的生活。每年秋天，我的庶祖母跟我到田裡去「監割」（頂好的田，水旱無憂，收成最好，佃戶每約田主來監割，打下穀子，兩家平分），我總是坐在小樹下看小說。十一二歲時，我稍活潑一點，居然和一群同學組織了一個戲劇班，做了一些木刀竹槍，借得了幾副假鬍鬚，就在村口田裡做戲。我做的往往是諸葛亮，劉備一類的文角兒；只有一次我做史文恭，被花榮一箭從椅子上射倒下去，這算是我最活潑的玩意兒了。在這九年（一八九五－一九〇四）之中，只學得了讀書寫字兩件事。在文字和思想的方面，不能不算是打了一點底子。但別的方面都沒有發展的機會。有一次我們村「當朋」（八都凡五村，稱為「五朋」，每年一村輪著做太子會，名為「當朋」）籌備太子會，有人提議要派我加入前村的崑腔隊裡學習吹笙或吹笛。族裡長輩反對，說我年紀太小，不能跟著太子會走遍五朋。於是我便失掉了學習音樂的唯一機會。

三十年來，我不曾拿過樂器，也全不懂音樂；究竟我有沒有一點學音樂的天資，我至今不知道。至於學圖畫，更是不可能的事。我常常用竹紙蒙在小說書的石印繪像上，摹畫書上的英雄美人。有一天，被先生看見了，挨了一頓大罵，抽屜裡的圖畫都被搜出撕毀了。於是我又失掉了學做畫家的機會。

但這九年的生活，除了讀書看書之外，究竟給了我一點做人的訓練。在這一點上，我的恩師便是我的慈母。

每天天剛亮時，我母親便把我喊醒，叫我披衣坐起。我從不知道她醒來坐了多久了。她看我清醒了，便對我說昨天我做錯了什麼事，說錯了什麼話，要我認錯，要我用功讀書。有時候她對我說父親的種種好處，她說：「你總要踏上你老子的腳步。我一生只曉得這一個完全的人，你要學他，不要跌他的股。」（跌股便是丟臉出醜。）她說到傷心處，往往掉下淚來。到天大明時，她才把我的衣服穿好，催我去上早學。

學堂門上的鎖匙放在先生家裡；我先到學堂門口一望，便跑到先生家裡去敲門。先生家裡有人把鎖匙從門縫裡遞出來，我拿了跑回去，開了門，坐下念生書，十天之中，總有八、九天我是第一個去開學堂門的。等到先生來了，我背了生書，才回家吃早飯。

我母親管束我最嚴，她是慈母兼任嚴父。但她從來不在別人面前罵我一句，打我一下，我做錯了事，她只對我一望，我看見了她的嚴厲眼光，便嚇住了。犯的事小，她等到第二天早晨我眠醒時才教訓我。犯的事大，她等到晚上人靜時，關了房門，先責備我，然後行罰，或罰跪，或擰我的肉。無論怎樣重罰，總不許我哭出聲音來，她教訓兒子不是藉此出氣叫別人聽的。

有一個初秋的傍晚，我吃了晚飯，在門口玩，身上只穿著一件單背心。這時候我母親的妹子玉英姨母在我家住，她怕我冷了，拿了一件小衫出來叫我穿上。我不肯穿，她說：「穿上吧，涼了。」我隨口回答：「娘（涼）什麼！老子都不老子呀。」我剛說了這句話，一抬頭，看見母親從家裡走出，我趕快把小衫穿上。但她已聽見這句輕薄的話了。晚上人靜後，她罰我跪下，重重的責罰了一頓。她說：「你沒了老子，是多麼得意的事！好用來說嘴！」她氣得坐著發抖，也不許我上床去睡。

我跪著哭，用手擦眼淚，不知擦進了什麼黴菌，後來足足害了一年多的翳病。醫來醫去，總醫不好。我母親心裡又悔又急，聽說眼翳可以用舌頭舔去，有一夜她把我叫醒，她真用舌頭舔我的病眼。這是我的嚴師，我的慈母。

我母親二十三歲做了寡婦，又是當家的後母。這種生活的痛苦，我的笨筆寫不出一萬分之一二。家中財政本不寬裕，全靠二哥在上海經營排程。大哥從小便是敗子，吸鴉片煙、賭博，錢到手就光，光了便回家打主意，見了香爐便拿出去賣，撈著錫茶壺便拿出押。我母親幾次邀了本家長輩來，給他定下每月用費的數目。但他總不夠用，到處都欠下煙債賭債。每年除夕我家中總有一大群討債的，每人一盞燈籠，坐在大廳上不肯去。大哥早已避出去了。

大廳的兩排椅子上滿滿的都是燈籠和債主。我母親走進走出，料理年夜飯，謝竈神，發壓歲錢等事，只當作不曾看見這一群人。到了近半夜，快要「封門」了，我母親才走後門出去，央一位鄰居本家到我家來，每一家債戶發一點錢。做好做歹的，這一群討債的才一個一個提著燈籠走出去。一會兒，大哥敲門回來了。我母親從不罵他一句。並且因為是新年，她臉上從不露出一點怒色。這樣的過年，我過了六七次。

大嫂是個最無能而又最不懂事的人，二嫂是個能幹而氣量很窄小的人。他們常常鬧意見，只因為我母親的和氣榜樣，他們還不曾有公然相罵相打的事。她們鬧氣時，只是不說話，不答話，把臉放下來，叫人難看；二嫂生氣時，臉色變青，更是怕人。她們對我母親鬧氣時，也是如此，我起初全不懂得這一套，後來也漸漸懂得看人的臉色了。

我漸漸明白，世間最可厭惡的事莫如一張生氣的臉；世間最下流的事莫如把生氣的臉擺給旁人看，這比打罵還難受。

我母親的氣量大，性子好，又因為做了後母後婆，她更事事留心，事事特別容忍。大哥的女兒比我只小一歲，她的飲食衣服總是和我的一樣。我和她有小爭執，總是我吃虧，母親總是責備我，要我事事讓她。

後來大嫂二嫂都生了兒子了，她們生氣時便打罵孩子來出氣，一面打，一面用尖刻有刺的話罵給別人聽。我母親只裝作不聽見。有時候，她實在忍不住了，便悄悄走出門去，或到左鄰立大嫂家去坐一會，或走後門到後鄰度嫂家去閒談。她從不和兩個嫂子吵一句嘴。

每個嫂子一生氣，往往十天半個月不歇，天天走進走出，板著臉，咬著嘴，打罵小孩子出氣。我母親只忍耐著，到實在不可再忍的一天，她也有她的法子。這一天的天明時，她便不起床，輕輕地哭一場。她不罵一個人，只哭她的丈夫，哭她自己苦命，留不住她丈夫來照管她。她先哭時，聲音很低，漸漸哭出聲來。我醒了起來勸她，她不肯住。

這時候，我總聽得見前堂（二嫂住前堂東房）或後堂（大嫂住後堂西房）有一扇房門開了，一個嫂子走出房向廚房走去。不多一會，那位嫂子來敲我們的房門了。我開了房門，她走進來，捧著一碗熱茶，送到我母親床前，勸她止哭，請她喝口熱茶。我母親慢慢停住哭聲，伸手接了茶碗。那位嫂子站著勸一會，才退出去。

沒有一句話提到什麼人，也沒有一個字提到這十天半個月來的氣臉，然而各人心裡明白，泡茶進來的嫂子總是那十天半個月來鬧氣的人。奇怪的很，這一哭之後，至少有一兩個月的太平清靜日子。

我母親待人最仁慈、最溫和，從來沒有一句傷人感情的話；但她有時候也很有剛氣，不受一點人格上的侮辱。我家五叔是個無正業的浪人，有一天在煙館裡發牢騷，說我母親家中有事總請某人幫忙，大概總有什麼好處給他。這句話傳到了我母親耳朵裡，她氣得大哭，請了幾位本家來，把五叔喊來，她當面質問他，她給了某人什麼好處。直到五叔當眾認錯賠罪，她才罷休。我在我母親的教訓之下住了九年，受了她的極大極深的影響。我十四歲（其實只有十二零兩三個月）便離開她了，在這廣漠的人海裡獨自混了二十多年，沒有一個人管束過我。如果我學得了一絲一毫的好脾氣，如果我學得了一點點待人接物的和氣，如果我能寬恕人、體諒人——我都得感謝我的慈母。

十九，十一，廿一夜。

我與汪長祿先生的書信往來

汪長祿先生來信：

昨天上午我同太虛和尚訪問先生，談起許多佛教歷史和宗派的話，耽擱了一點多鐘的工夫，幾乎超過先生平日見客時間的規則五倍以上，實在抱歉的很。後來我和太虛匆匆出門，各自分途去了。晚邊回寓，我在桌子上偶然翻到最近《每周評論》的文藝那欄，上面題目是「我的兒子」四個字，下面署了一個「適」字，大約是先生作的。這種議論我從前在《新潮》、《新青年》各報上面已經領教多次，不過昨日因為見了先生，加上「叔度汪汪」的印象，應該特別注意一番。我就不免有些意見，提起筆來寫成一封白話信，送給先生，還求指教指教。

大作說，「樹本無心結子，我也無恩於你」。這和孔融所說的「父之於子當有何親」、

「子之於母亦復奚為」差不多同一樣的口氣。我且不去管他。下文說的，「但是你既來了，我不能不養你教你，那是我對人道的義務，並不是待你的恩誼。」這就是做父母一方面的說法。換一方面說，做兒子的也可模仿同樣口氣說道：「但是我既來了，你不能不養我教我，那是你對人道的義務，並不是待我的恩誼。」那麼兩方面湊泊起來，簡直是親子的關係，一方面變成了跛形的義務者，他一方面變成了跛形的權利者，實在未免太不平等了。平心而論，舊時代的見解，好端端生在社會一個人，前途何等遙遠，責任何等重大，為父母的單希望他做他倆的兒子，固然不對。但是照先生的主張，竟把一般做兒子的抬舉起來，看作一個「白吃不回帳」的主顧，那又未免太「矯枉過正」罷。

現在我且丟卻親子的關係不談，先設一個譬喻來說。假如有位朋友留我在他家裡住上若干年，並且供給我的衣食，後來又幫助我的學費，一直到我能獨立生活，他才放手，雖然這位朋友發了一個大願，立心做個大施主，並不希望我些許報答，難道我自問良心能夠就是這麼拱拱手同他離開便算了嗎？我以為親子的關係，無論怎樣改革，總比朋友較深一層。就是同朋友一樣平等看待，果然有個鮑叔再世，把我看作管仲一般，也不能夠「不是待我的恩誼」罷。

大作結尾說道：「我要你做一個堂堂的人，不要你做我的孝順兒子。」這話我倒不會太反對。但是我以為應該加上一個字，可以這麼說：「我要你做一個堂堂的人，不單要你做我的孝順兒子。」為什麼要加上這一個字呢？因為兒子孝順父母，也是做人的一種信條，和那「悌弟」、「信友」、「愛群」等等是同樣重要的。舊時代學說把一切善行都歸納在「孝」字裡面，誠然流弊百出，但一定要把「孝」字「驅逐出境」，劃在做人事業範圍以外，好像人做了孝子，便不能夠做一個堂堂的人。換一句話，就是人若要做一個堂堂的人，便非打定主意做一個不孝之子不可。總而言之，先生把「孝」字看得與做人的信條立在相反的地位。我以為「孝」字雖然沒有「萬能」的本領，但總還夠得上和那做人的信條湊在一起，何必如此「雷厲風行」硬要把他「驅逐出境」呢？

前月我在一個地方談起北京的新生思潮，便聯想到先生個人身上。有一位是先生的貴同鄉，當時插嘴說道：「現在一般人都把胡適之看作洪水猛獸一樣，其實適之這個人舊道德並不壞。」說罷，並且引起事實為證。我自然是很相信的。照這位貴同鄉的說話推測起來，先生平日對於父母當然不肯做那「孝」字反面的行為，是決無疑義了。我怕的是一般根底淺薄的青年，動輒抄襲名人一兩句話，勇於扯起幌子，便「肆無忌憚」起來。打個比方，有人昨天看見《每周評論》上先生的大作，也便可以說道：「胡先生教我做一個堂堂的人，萬不可做父母的孝順兒子。」久而久之，社會上布滿了這種議論，那麼任憑父母老病凍餓以至於死，卻可以不去管他了。我也知道先生的本意無非看見舊式家庭過於「束縛馳驟」，急急地要替他調換空氣，不知不覺言之太過，那也難怪。從前朱晦庵說得好，「教學者如扶醉人」，現在的中國人真算是大多數醉倒了。先生可憐他們，當下告奮勇，使一股大勁，把他從東邊扶起一樣嗎？萬一不幸，連性命都要送掉，那又向誰叫冤呢？

我很盼望先生有空閒的時候，再把那「我的父母」四個字做個題目，細細地想一番。把做兒子的對於父母應該怎樣報答的話（我以為一方面做父母的兒子，同時在他方面仍不妨做社會上一個人），也得詠嘆幾句，「恰如分際」，「彼此兼顧」，那才免得發生許多流弊。

我答汪先生的信：

前天同太虛和尚談論，我得益不少。別後又承先生給我這封很誠懇的信，感謝之至。

「父母於子無恩」的話，從王充、孔融以來，也很久了。從前有人說我曾提倡這話，我實在不能承認。直到今年我自己生了一個兒子，我才想到這個問題上去。我想這個孩子自己並不曾自由主張要生在我家，我們做父母的不曾得他的同意，就糊里糊塗的給了他一條生命。況且我們也並不曾有意送給他這條生命。我們既無意，如何能居功？如何能自以為有恩於他？他既無意求生，我們生了他，我們對他只有抱歉，更不能「市恩」了。我們糊里糊塗的替社會上添了一個人，這個人將來一生的苦樂禍福，這個人將來在社會上的功罪，我們應該負一部分的責任。說得偏激一點，我們生一個兒子，就好比替他種下了禍根，又替社會種下了禍根。他也許養成壞習慣，做一個短命浪子；他也許更墮落下去，做一個軍閥派的走狗。所以我們「教他養他」，只是我們自己減輕罪過的法子，只是我們種下禍根之後自己補過彌縫的法子。這可以說是恩典嗎？

我所說的，是從做父母的一方面設想的，是從我個人對於我自己的兒子設想的，所以我的題目是「我的兒子」。我的意思是要我這個兒子曉得我對他只有抱歉，絕不居功，絕不市恩。至於我的兒子將來怎樣待我，那是他自己的事。我絕不期望他報答我的恩，因為我已宣言無恩於他。

先生說我把一般做兒子的抬舉起來，看作一個「白吃不還帳」的主顧。這是先生誤會我的地方。我的意思恰同這個相反。我想把一般做父母的抬高起來，叫他們不要把自己看作一種「放高利債」的債主。

先生又怪我把「孝」字驅逐出境。我要問先生，現在「孝子」兩個字究竟還有什麼意義？現在的人死了父母都稱「孝子」。孝子就是居父母喪的兒子（古書稱為「主人」），無論怎樣忤逆不孝的人，一穿上麻衣，戴上高粱冠，拿著哭喪棒，人家就稱他做「孝子」。

我的意思以為古人把一切做人的道理包在孝字裡，故戰陣無勇，蒞官不敬，等等，都是不孝。這種學說，先生也承認他流弊百出。所以我要我的兒子做一個堂堂的人，不要他做我的孝順兒子。我的意想以為「一個堂堂的人」絕不至於做打爹罵娘的事，絕不至於對他的父母毫無感情。

但是我不贊成把「兒子孝順父母」列為一種「信條」。易卜生（Henrik Johan Ibsen）的《群鬼》（*Ghosts*）裡有一段話很可研究（《新潮》第五號頁八五一）：

（孟代牧師）你忘了沒有，一個孩子應該愛敬他的父母？

（阿爾文夫人）我們不要講得這樣廣泛。應該說：「歐士華應該愛敬阿爾文先生（歐士華之父）嗎？」

這是說，「一個孩子應該愛敬他的父母」是耶教一種信條，但是有時未必適用。即如阿爾文一生縱淫，死於花柳毒，還把遺毒傳給他的兒子歐士華，後來歐士華毒發而死。請問歐士華應該孝順阿爾文嗎？若照中國古代的倫理觀念自然不成問題。但是在今日可不能不成問題了。假如我染著花柳毒，生下兒子又聾又瞎，終身殘廢，他應該傾家蕩產敬我嗎？又假如我把我的兒子應得的遺產都拿去賭輸了，使他衣食不能完全，教育不能得著，他應該愛敬我嗎？又假如我賣國主義，做了一國一世的大罪人，他應該愛敬我嗎？

至於先生說的，恐怕有人扯起幌子，說，「胡先生教我做一個堂堂的人，萬不可做父母的孝順兒子」。這是他自己錯了。我的詩是發表我生平第一次做老子的感想，我並不曾教訓人家的兒子！

總之，我只說了我自己承認對兒子無恩，至於兒子將來對我做何感想，那是他自己的事，我不管了。

先生又要我作「我的父母」的詩。我對於這個題目，也曾有詩，載在《每周評論》第一期和《新潮》第二期裡。

〈我的兒子〉

我實在不要兒子，
兒子自己來了。
「無後主義」的招牌，
於今掛不起來了！
譬如樹上開花，
花落天然結果。
那果便是你，
那樹便是我。
樹本無心結子，
我也無恩於你。
但是你既來了，
我不能不養你教你，
那是我對人道的義務，
並不是我待你的恩誼。

將來你長大時，
這是我所期望於你：
我要你做一個堂堂的人，
不要做我的孝順兒子。

追悼志摩

悄悄的我走了，正如我悄悄的來；我揮一揮衣袖，不帶走一片雲彩。

《再別康橋》

志摩這一回真走了！可不是悄悄的走。在那淋漓的大雨裡，在那迷濛的大霧裡，一個猛烈的大震動，三百匹馬力的飛機碰在一座終古不動的山上，我們的朋友額上受了一下致命的撞傷，大概立刻失去了知覺。半空中起了一團天火，像天上隕了一顆大星似的直掉下地去。我們的志摩和他的兩個同伴就死在那烈焰裡了！

我們初得著他的死信，都不肯相信，都不信志摩這樣一個可愛的人會死的這麼慘酷。但在那幾天的精神大震撼稍稍過去之後，我們忍不住要想，那樣的死法也許只有志摩最配。我們不相信志摩會「悄悄的走了」，也不忍想志摩會死一個「平凡的死」，死在天空之中，大雨淋著，大霧籠罩著，大火焚燒著，那撞不倒的山頭在旁邊冷眼瞧著，我們新時代的新詩人，就是要自己挑一種死法，也挑不出更合適、更悲壯的了。

志摩走了，我們這個世界裡被他帶走了不少雲彩。他在我們這些朋友之中，真是一片最可愛的雲彩，永遠是溫暖的顏色，永遠是美的花樣，永遠是可愛。他常說：

我不知道風
是在哪一個方向吹——

我們也不知風是在哪一個方向吹，可是狂風過去之後，我們的天空變慘淡了，變寂寞了，我們才感覺我們的天上的一片最可愛的雲彩被狂風捲去了，永遠不回來了！

這十幾天裡，常有朋友到家裡來談志摩，談起來常常有人痛哭，在別處痛哭他的，一定還不睡。志摩所以能使朋友這樣哀念他，只是因為他的為人整個的只是一團同情心，只是一團愛。葉公超先生說：「他對於任何人、任何事，從未有過絕對的怨恨，甚至於無意中都沒有表示過一些憎嫉的神氣。」

陳通伯先生說：「尤其朋友裡缺不了他。他是我們的連素，他是黏著性的，發酵性的。在這七八年中，國內文藝界裡起了不少的風波，吵了不少的架，許多很熟的朋友往往弄得不能見面。但我沒有聽見有人怨恨過志摩。誰也不能抵抗志摩的同情心，誰也不能避開他的黏著性。他才是和事佬，他有無窮的同情，他總是朋友蹭的『連索』。他從沒有疑心，他從不會妒忌，使這些多疑善妒的人們十分慚愧，又十分羨慕。」

他的一生真是愛的象徵。愛是他的宗教，他的上帝。

我攀登了萬仞的高崗，
荊棘扎爛了我的衣裳，
我向飄渺的雲天外望——
上帝，我望不見你——
……
我在道旁見一個小孩，
活潑，秀麗，襤褸的衣衫，
他叫聲「媽」，眼裡亮著愛——
上帝，他眼裡有你——

《他眼裡有你》

志摩今年在他的《猛虎集》自序裡曾說他的心境是「一個曾經有單純信仰的流入懷疑的頹廢」。這句話是他最好的自述。他的人生觀真是一種「單純信仰」，這裡面只有三個大字：一個是愛，一個是自由，一個是美。他夢想這三個理想的條件能夠會合在一個人生裡，這是他的「單純信仰」。他的一生的歷史，只是他追求這個單純信仰的實現的歷史。

社會上對於他的行為，往往有不能諒解的地方，都只因為社會上批評他的人不曾懂得志摩的「單純信仰」的人生觀。他的離婚和他的第二次結婚，是他一生最受社會嚴厲批評的兩件事。現在志摩的棺已蓋了，而社會上的議論還未定。但我們知道這兩件事的人，都能明白，至少在志摩的方面，這兩件事最可以代表志摩的單純理想的追求。他萬分誠懇的相信那兩件事都是他實現他那「美與愛與自由」的人生的正當步驟。這兩件事的結果，在別人看來，似乎都不曾能夠實現志摩的理想生活。但到了今日，我們還忍用成敗來議論他嗎？

我忍不住我的歷史癖，今天我要引用一點神聖的歷史材料，來說明志摩決心離婚時的心理。民國十一年三月，他正式向他的夫人提議離婚，他告訴她，他們不應該繼續他們的沒有愛情沒有自由的結婚生活了，他提議「自由之償還自由」，他認為這是「彼此重見生命之曙光，不世之榮業」。他說：「故轉夜為日，轉地獄為天堂，直指顧問事矣。……真生命必自奮鬥自求得來，真幸福亦必自奮鬥自求得來，真戀愛亦必自奮鬥自求得來！彼此前途無限……彼此有改良社會之心，彼此有造福人類之心，其先自做榜樣，勇決智斷，彼此尊重人格，自由離婚，止絕苦痛，始兆幸福，皆在此矣。」

這信裡完全是青年的志摩的單純的理想主義，他覺得那沒有愛又沒有自由的家庭是可以摧毀他們的人格的，所以他下了決心，要把自由償還自由，要從自由求得他們的真生命、真幸福、真戀愛。

後來他回國了，婚是離了，而家庭和社會都不能諒解他。最奇怪的是他和他已離婚的夫人通訊更勤，感情更好。社會上的人更不明白了。志摩是梁任公先生最愛護的學生，所以民國十二年任公先生曾寫一封很長很懇切的信去勸他。在這信裡，任公提出兩點：其一，「萬不容以他人之苦痛，易自己之快樂。弟之此舉，其於弟將來之快樂能得與否，殆茫如捕風，然先已予多數人以無量之苦痛。」其二，「戀愛神聖為今之少年所樂道。……茲事蓋可遇而不可求。……況多情多感之人，其幻象起落鶻突，而得滿足得寧帖也極難。所夢想之神聖境界恐終不可得，徒以煩惱終其身已耳。」

任公又說：「嗚呼志摩！天下豈有圓滿之宇宙？……當知吾儕以不求圓滿為生活態度，斯可以領略生活之妙味矣。……若沉迷於不可必得之夢境，挫折數次，生意盡矣，鬱邑侘忌以死，死為無名。死猶可也，最可畏者，不死不生而墮落至不復能自拔。嗚呼志摩，可無懼耶！可無懼耶！（十二年一月二日信）」任公一眼看透了志摩的行為是追求一種「夢想的神聖境界」，他料到他必要失望，又怕他少年人受不起幾次挫折，就會死，就會墮落。所以他以老師的資格警告他：「天下豈有圓滿之宇宙？」

但這種反理想主義是志摩所不能承認的。他答覆任公的信，第一不承認他是把他人的苦痛來換自己的快樂。他說：「我之甘冒世之不韙，竭全力以鬥者，非特求免凶慘之苦痛，實求良心之安頓，求人格之確立，求靈魂之救度耳。」人誰不求庸德？人誰不安現成？人誰不畏艱險？然且有突圍而出者，夫豈得已而然哉？第二，他也承認戀愛是可遇而不可求的，但他不能不去追求。他說：「我將於茫茫人海中訪我唯一靈魂之伴侶；得之，我幸；不得，我命，如此而已。」他又相信他的理想是可以創造培養出來的。他對任公說：「嗟夫吾師！我嘗奮我靈魂之精髓，以凝成一理想之明珠，涵之以熱滿之心血，朗照我深奧之靈府。而庸俗忌之嫉之，輒欲麻木其靈魂，搗碎其理想，殺滅其希望，汙毀其純潔！我之不流入墮落，流入庸懦，流入卑汙，其幾亦微矣！」

我今天發表這三封不曾發表過的信，因為這幾封信最能表現那個單純的理想主義者徐志摩。他深信理想的人生必須有愛，必須有自由，必須有美；他深信這種三位一體的人生是可以追求的，至少是可以用純潔的心血培養出來的。——我們若從這個觀點來觀察志摩一生，他這十年中的一切行為就全可以了解了。我還可以說，只有從這個觀點上才可以了解志摩的行為；我們必須先認清了他的單純信仰的人生觀，方才認得清志摩的為人。

志摩最近幾年的生活，他承認是失敗。他有一首〈生活〉的詩，詩暗慘的可怕。

陰沉，黑暗，毒蛇似的蜿蜒，
生活逼成了一條甬道：
一度陷入，你只可向前，
手捫索著冷壁的黏潮，
在妖魔的臟腑內掙扎，

頭頂不見一線的天光，
這魂魄，在恐怖的壓迫下，
除了消滅更有什麼願望？

（十九年五月二十九日）

他的失敗是一個單純的理想主義者的失敗。他的追求，使我們慚愧，因為我們的信心太小了，從不敢夢想他的夢想。他的失敗，也應該使我們對他表示更深厚的恭敬與同情，因為偌大的世界之中，只有他有這信心，冒了絕大的危險，費了無數的麻煩，犧牲了一切平凡安逸，犧牲家庭的親誼和人間的名譽，去追求，去試驗一個「夢想之神聖境界」而終於免不了慘酷的失敗，也不完全是他的人生觀的失敗。他的失敗是因為他的信仰太單純了，而這個世界太複雜了，他的單純的信仰禁不起這個現實世界的摧毀；正如易卜生的詩劇《Brand》（勃朗德）裡的那個理想主義者，抱著他的理想，在人間處處碰釘子，碰的焦頭爛額，失敗而死。

然而我們的志摩「在這恐怖的壓迫下」，從不叫一聲「我投降了」——他從不曾完全絕望，他從不曾絕對怨恨誰。他對我們說：「你們不能更多地責備。我覺得我已是滿頭的血水，能不低頭已算是好的。」（《猛虎集．自序》）是的，他不曾低頭。他仍舊昂起頭來做人；他做事，他總是仍舊那樣熱心，仍舊那樣高興。幾年的挫折、失敗、苦痛，似乎使他更成熟了，更可愛了。他在苦痛之中，仍舊繼續他的歌唱。他的詩作風也更成熟了。他所謂「初期的洶湧性」固然是沒有了，作品也減少了；但是他的意境變深厚了，筆致變淡遠了，技術和風格都更進步了。這是讀《猛虎集》的人都能感覺到的。

志摩自己希望今年是他的「一個真的復活的機會」。他說：「抬起頭居然又見到天了。眼睛睜開了，心也跟著開始了跳動。」

我們一班朋友都替他高興。他這幾年來想用心血澆灌的花樹也許是枯萎的了；但他的同情、他的鼓舞，早又在別的園地裡種出了無數的可愛的小樹，開出了無數可愛的鮮花。他自己的歌唱有一個時代是幾乎消沉了；但他的歌聲引起了他的園地外無數的歌喉，嘹亮地唱，哀怨地唱，美麗地唱。這都是他的安慰，都使他高興。

誰也想不到在這個最有希望的復活時代，他竟丟了我們走了！他的《猛虎集》裡有一首詠一隻黃鸝的詩，現在重讀了，好像他在那裡描寫他自己的死，和我們對他的死的悲哀：

等候他唱，我們靜著望，
怕驚了他。
但他一展翅
衝破濃密，化一朵彩霧；
飛來了，不見了，沒了！！
像是春光，火焰，像是熱情。

志摩這樣一個可愛的人，真是一片春光，一團火焰，一腔熱情。現在難道都完了？

決不——決不——志摩最愛他自己的一首小詩，題目叫做「偶然」，在他的《卞崑岡》劇本裡，在那個可愛的孩子阿明臨死時，那個瞎子彈著三絃，唱著這首詩：

我是天空裡的一片雲，
偶爾投影在你的波心——
你不必訝異，
更無須歡喜——
在轉瞬間消滅了蹤影。
你我相逢在黑夜的海上，

你有你的，我有我的，方向；
你記得也好，
最好你忘掉，
在這交會時互放的光芒。

朋友們，志摩是走了，但他投的影子會永遠留在我們心裡，他放的光亮也會永遠在人間，他不曾白來了一世。我們有了他做朋友，也可以安慰自己說不曾白來了一世。我們忘不了和我們在那交會時互放的光芒！

二十年，十二月，
三夜（同時在北平《晨學園》發表）

杜威先生與中國

杜威先生今天離開北京，起程歸國了。杜威先生於民國八年五月一日——「五四」的前三天——到上海，在中國共住了兩年零兩月。中國的地方他到過並且講演過的，有奉天、直隸、山西、山東、江蘇、江西、湖北、湖南、浙江、福建、廣東十一省。他在北京的五種長期講演錄已經過第十版了，其餘各種小講演錄——如山西的，南京的，北京學術講演會的，——幾乎數也數不清楚了！我們可以說，自從中國與西洋文化接觸以來，沒有一個外國學者在中國思想界的影響有杜威先生這樣大的。

我們還可以說，在最近的將來幾十年中，也未必有別個西洋學者在中國的影響可以比杜威先生還大的。這句預言初聽了似乎太武斷了。但是我們可以舉兩個理由：

第一，杜威先生最注重的是教育的革新，他在中國的講演也要算教育的講演為最多。當這個教育破產的時代，他的學說自然沒有實行的機會。但他的種子確已散布不少了。將來各地的「試驗學校」漸漸的發生，杜威的教育學說有了試驗的機會，那才是杜威哲學開花結子的時候呢！現在的杜威，還只是一個盛名；十年二十年後的杜威，變成了無數杜威式的試驗學校，直接或間接影響全中國的教育，那種影響不應該比現在更大千百倍嗎？

第二，杜威先生不曾給我們一些關於特別問題的特別主張，——如共產主義、無政府主義、自由戀愛之類，——他只給了我們一個哲學方法，使我們用這個方法去解決我們自己的特別問題。他的哲學方法，總名叫做「實驗主義」；分開來可作兩步說：

（1）歷史的方法——「祖孫的方法」。他從來不把一個制度或學說看作一個孤立的東西，總把它看作一個中段：一頭是它所以發生的原因，一頭是它自己發生的效果；上頭有它的祖父，下面有它的子孫。捉住了這兩頭，它再也逃不出去了！這個方法的應用，一方面是很忠厚寬恕的，因為他處處指出一個制度或學說所以發生的原因，指出它的歷史的背景，故能了解它在歷史上占的地位與價值，故不致有過分的苛責。一方面，這個方法又是最嚴厲的，最帶有革命性質的，因為他處處拿一個學說或制度所發生的結果來評判它本身的價值，故最公平，又最厲害。這種方法是一切帶有評判（Critical）精神的運動的一個重要武器。

（2）實驗的方法——實驗的方法至少注重三件事：（一）從具體的事實與境地下手；（二）一切學說理想，一切知識，都只是待證的假設，並非天經地義；（三）一切學說與理想都須用實行來試驗過；實驗是真理的唯一試金石。第一件，——注意具體的境地，——使我們免去許多無謂的假問題，省去許多無意義的爭論。第二件，——一切學理都看作假設，——可以解放許多「古人的奴隸」。第三件，——實驗，——可以稍稍限制那上天下地的妄想冥想。實驗主義只承認那一點一滴做到的進步，步步有智慧的指導，步步有自動的實驗——才是真進化。

特別主張的應用是有限的，方法的應用是無窮的。杜威先生雖去了，他的方法將來一定會得更多的信徒。國內敬愛杜威先生的人若都能注意於推行他所提倡的這兩種方法，使歷史的觀念與實驗的態度漸漸地變成思想界的風尚與習慣，那時候，這種哲學的影響之大，恐怕我們最大膽的想像力也還推測不完呢。

因為這兩種理由，我敢預定：杜威先生雖去，他的影響仍舊永永存在，將來還要開更燦爛的花，結更豐盛的果。

杜威先生真愛中國，真愛中國人；他這兩年之中，對我們中國人，他是我們的良師好友；對於國外，他還替我們做了兩年的譯人與辯護士。他在《新共和國》（*The New Republic*）和《亞細亞》（*Asia*）兩個雜誌上發表的幾十篇文章，都是用最忠實的態度對於世界為我們做解釋的。因為他的人格高尚，故世界的人對於他的評判幾乎沒有異議。（除了樸蘭德 Bland 一流的妄人！）杜威這兩年來對中國盡的這種義務，真應該受我們很誠懇的感謝。

我們對於杜威先生一家的歸國，都感覺很深摯的別意。我們祝他們海上平安！

十，七，十一。

二　心靈自述

我的歧路

梅先生是向來不贊成我談思想文學的，現在卻極贊成我談政治；孫先生是向來最贊成我談思想文學的，現在很懇摯的怪我不該談政治；常先生又不同了，他並非不贊成我談思想文學，他只希望我此時把全副精神用在政治上。——這真是我的歧路！

我在這三岔路口，也曾遲迴了三年；我現在忍著心腸來談政治，一隻腳已踏上東街，一隻腳還踏在西街，我的頭還是回望著那原來的老路上！伏廬的怪我走錯了路，我也可以承認；燕生怪我精神不貫注，也是真的。我要我的朋友們知道我所以「變節」與「變節而又遲迴」的緣故，我不能不寫一段自述的文章。

我是一個注意政治的人。當我在大學時，政治經濟的功課占了我三分之一的時間。當一九一二到一九一六年，我一面為中國的民主辯護，一面注意世界的政治。我那時是世界學生會的會員，國際政策會的會員，聯校非兵會的幹事。一九一五年，我為了討論中日交涉的問題，幾乎成為眾矢之的。一九一六年，我的國際非攻論文曾得最高獎金。但我那時已在中國哲學史的研究上尋著我的終身事業了，同時又被一班討論文學問題的好朋友逼上文學革命的道路了。從此以後，哲學史成了我的職業，文學做了我的娛樂。一九一七年七月我回國時，船到橫濱，便聽見張勳復辟的訊息；到了上海，看了出版界的孤陋，教育界的沉寂，我方才知道張勳的復辟乃是極自然的現象，我方才打定二十年不談政治的決心，要想在思想文藝上替中國政治建築一個革新的基礎。我這四年多以來，寫了八九十萬字的文章，內中只有一篇曾琦《國體與青年》的短序是談政治的，其餘的文字都是關於思想與文藝的。

一九一八年十二月，我的朋友陳獨秀、李守常等發起《每周評論》。那是一個談政治的報，但我在《每周評論》做的文字總不過是小說文藝一類，不曾談過政治。直到一九一九年六月中，獨秀被捕，我接辦《每周評論》，方才有不能不談政治的感覺。那時正當安福部極盛的時代，上海的分贓和會還不曾散夥。然而國內的「新」分子閉口不談具體的政治問題，卻高談什麼無政府主義與馬克思主義。我看不過了，忍不住了，——因為我是一個實驗主義的信徒，——於是發憤要想談政治。我在《每周評論》

第三十一號裡提出我的政論的導言，叫做《多研究些問題，少談些主義！》（《文存》卷二，頁一四七以下）。我那時說：我們不去研究人力車伕的生計，卻去高談社會主義……不去研究安福部如何解散，不去研究南北問題如何解決，卻去高談無政府主義：我們還要得意揚揚的誇口道：「我們所談的是根本解決」。老實說罷，這是自欺欺人的夢話，這是中國思想界破產的鐵證，這是中國社會改良的死刑宣告！……

高談主義，不研究問題的人，只是畏難求易，只是懶！

但我的政論的「導言」雖然出來了，我始終沒有做到「本文」的機會！我的導言引起了無數的抗議：北方的社會主義者駁我，南方的無政府主義者痛罵我。我第三次替這篇導言辯護的文章剛排上版，《每周評論》就被封禁了；我的政論文章也就流產了。

《每周評論》是一九一九年八月三十日被封的。這兩年零八個月之中，忙於病，使夥不能分出工夫來做輿論的事業。我心裡也覺得我的哲學文學事業特別重要，實在捨不得丟了我的舊戀來巴結我的新歡。況且幾年不談政治的人，實在不容易提起一股高興來作政論的文章，心裡總想國內有人起來幹這種事業，何必要我來加一忙呢？

然而我等候了兩年零八個月，中國的輿論界仍然使我大失望。一班「新」分子天天高談基爾特社會主義與馬克思社會主義，高談「階級戰爭」與「盈餘價值」；內政腐敗到了極處，他們好像都不曾看見，他們索性把「社論」、「時評」都取消了，拿那馬克思——克洛泡特金——愛羅先柯的附張來做擋箭牌，掩眼法！外交的失敗，他們確然也還談談，因為罵日本是不犯禁的；然而華盛頓會議中，英美調停，由中日兩國代表開議，國內的報紙就加上一個「直接交涉」的名目。直接交涉是他們反對過的，現在這個莫名其妙的東西又叫做「直接交涉」了，所以他們不能不極力反對。然而他們爭的是什麼呢？怎樣才可以達到目的呢？是不是要日本無條件的屈服呢？外交問題是不是可以不交涉而解決呢？這些問題就很少人過問了。

我等候兩年零八個月，實在忍不住了。我現在出來談政治，雖是國內的腐敗政治激出來的，其實大部分是這幾年的「高談主義而不研究問題」的「新輿論界」把我激出來的。我現在的談政治，只是實行我那「多研究問題，少談主義」的主張。我自信這是和我的思想一致的。梅迪生說我談政治「較之談白話文與實驗主義勝萬萬矣」，他可錯了；我談政治只是實行我的實驗主義，正如我談白話文也只是實行我的實驗主義。實驗主義自然也是一種主義，但實驗主義只是一個方法，只是一個研究問題的方法。他的方法是：細心搜求事實，大膽提出假設，再細心求實證。一切主義，一切學理，都只是參考的材料，暗示的材料，待證的假設，絕不是天經地義的信條。實驗主義注重在具體的事實與問題，故不承認根本的解決。他只承認那一點一滴做到的進步，——步步有智慧的指導，步步有自動的實驗，——才是真進化。

我這幾年的言論文字，只是這一種實驗主義的態度在各方面的應用。我的唯一目的是要提倡一種新的思想方法，要提倡一種注重事實、服從證驗的思想方法。古文學的推翻，白話文學的提倡，哲學史的研究，《水滸》、《紅樓夢》的考證，一個「了」字或「們」字的歷史，都只是這一個目的。我現在談政治，也希望在政論界提倡這一種「注重事實，尊崇證驗」的方法。

我的朋友們，我不曾「變節」；我的態度是如故的，只是我的材料與實例變了。孫伏廬說他想把那被政治史奪去的我，替文化史奪回來。我很感謝他的厚意。但我要加一句：沒有不在政治史上發生影響的文化；如果把政治劃出文化之外，那就又成了躲懶的、出世的、非人生的文化了。

至於我精神不能貫注在政治上的原因，也是很容易明白的。哲學是我的職業，文學是我的娛樂，政治只是我的一種忍不住的新努力。我家中政治的書比其餘的書，只成一與五千的比例，我七天之中，至多只能費一天在《努力周報》上；我作一段二百字的短評，遠不如作一萬字《李靚學說》的便利愉快。我只希望提倡這一點「多研究問題，少談主義」的政論態度，我最希望國內愛談政治又能談政治的學者來霸占這個周報。以後我七天之中，分出一天來替他們編輯整理，其餘六天仍舊去研究我的哲學與文學，那就是我的幸福了。

我很承認常燕生的責備，但我不能承認他責備的理由。他說：至於思想文藝等事，先生們這幾年提倡的效果也可見了，難道還期望他尚能再有進步嗎？

他下文又說「現在到了山頂以後，便應當往下走了」，這些話我不大懂得。燕生決不會承認現在的思想文藝已到了山頂，不能「再有進步」了。我對於現今的思想文藝，是很不滿意的。孔丘、朱熹的奴隸減少了，卻添上了一班馬克思、克洛泡特金的奴隸；陳腐的古典主義打倒了，卻換上了種種淺薄的新典主義。我們「提倡有心，創造無力」的罪名是不能避免的。這也是我在這歧路上遲迴瞻顧的一個原因了。

我們對於西洋近代文明的態度

今日最沒有根據而又最有毒害的妖言是譏貶西洋文明為唯物的（Materialistic），而尊崇東方文明為精神的（Spiritual）。這本是很老的見解，在今日卻有新興的氣象。從前東方民族受了西洋民族的壓迫，往往用這種見解來解嘲，來安慰自己。近幾年來，歐洲大戰的影響使一部分的西洋人對於近世科學的文化起一種厭倦的反感，所以我們時時聽見西洋學者有崇拜東方的精神文明的議論。這種議論，本來只是一時的病態的心理，卻正投合了東方民族的誇大狂；東方的舊勢力就因此增加了不少的氣焰。

我們不願「開倒車」的少年人對於這個問題不能沒有一種徹底的見解，不能沒有一種鮮明的表示。

現在高談「精神文明」「物質文明」的人，往往沒有共同的標準做討論的基礎，故只能做文字上或表面上的爭論，而不能有根本的了解。我想提出幾個基本觀念來做討論的標準。

第一，文明（Civilization）是一個民族應付他的環境的總成績。

第二，文化（Culture）是一種文明所形成的生活的方式。

第三，凡一種文明的造成，必有兩個因子：一是物質的（Material），包括種種自然界的勢力與質料；一是精神的（Spiritual），包括一個民族的聰明才智，感情和理想。凡文明都是人的心思智力運用自然界的質與力的作品；沒有一種文明是精神的，也沒有一種文明單是物質的。

我想這三個觀念是不須詳細說明的，是研究這個問題的人都可以承認的。一隻瓦盆和一隻鐵鑄的大蒸汽爐，一隻舢板船和一隻大汽船，一部單輪小車和一輛電力街車，都是人的智慧利用自然界的質力製造出來的文明，同有物質的基礎，同有人類的心思才智。這裡面只有個精粗巧拙的程度上的差異，卻沒有根本上的不同。蒸汽鐵爐固然不必笑瓦盆的幼稚，單輪小車上的人也更不配自誇他的精神的文明，而輕視電車上人的物質的文明。

因為一切文明都少不了物質的表現，所以「物質的文明」（Material Civilization）一個名詞不應該有什麼譏貶的含義。我們說一部摩托車是一種物質的文明，不過單指它的物質的形體；其實一部摩托車所代表的人類的心思智慧絕不亞於一首詩所代表的心思智慧。所以「物質的文明」不是和「精神的文明」反對的一個貶詞，我們可以不討論。

我們現在要討論的是：（1）什麼叫做「唯物的文明」（Materialistic Civilization）；（2）西洋現代文明是不是唯物的文明。

崇拜所謂東方精神文明的人說，西洋近代文明偏重物質上和肉體上的享受，而略視心靈上與精神上的要求，所以是唯物的文明。我們先要指出這種議論含有靈肉衝突的成見，我們認為錯誤的成見。我們深信，精神的文明必須建築在物質的基礎之上。提高人類物質上的享受，增加人類物質上的便利與安逸，這都是朝著解放人類的能力的方向走，使人們不至於把精力心思全抛在僅僅生存之上，使他們可以有餘力去滿足他們的精神上的要求。東方的哲人曾說：

> 衣食足而後知榮辱，倉廩實而後知禮節。

這不是什麼舶來的「經濟史觀」；這是平恕的常識。人世的大悲劇是無數的人們終身做血汗的生活，而不能得著最低限度的人生幸福，不能避免凍與餓。人世的更大悲劇是人類的先知先覺者眼看無數人們的凍餓，不能設法增進他們的幸福，卻把「樂天」、「安命」、「知足」、「安貧」種種催眠藥給他們吃，叫他們自己欺騙自己，安慰自己。西方古代有一則寓言說狐狸想吃葡萄，葡萄太高了，他吃不著，只好說「我本不愛吃這酸葡萄！」狐狸吃不著甜葡萄，只好說葡萄是酸的；人們享不著物質上的快樂，只好說物質上的享受是不足羨慕的，而貧賤是可以傲人的。這樣自欺自慰成了懶惰的風氣，又不足為奇了。於是有狂病的人又進一步，索性回過頭去，戕賊身體，斷臂，絕食，焚身，以求那幻想的精神的安慰。從自欺自慰以至於自殘自殺，人生觀變成了人死觀，都是從一條路上來的：這條路就是輕蔑人類的基本的慾望。朝這條路上走，逆天而拂性，必至於養成懶惰的社會，多數人不肯努力以求人生基本慾望的滿足，也就不肯進一步以求心靈上與精神上的發展了。

西洋近代文明的特色便是充分承認這個物質的享受的重要。西洋近代文明，依我的鄙見看來，是建築在三個基本觀念之上：

第一，人生的目的是求幸福。

第二，所以貧窮是一樁罪惡。

第三，所以衰病是一樁罪惡。

借用一句東方古話，這就是一種「利用厚生」的文明。因為貧窮是一樁罪惡，所以要開發富源，獎勵生產，改良製造，擴張商業。因為衰病是一樁罪惡，所以要研究醫藥，提倡衛生，講求體育，防止傳染的疾病，改善人種的遺傳。因為人生的目的是求幸福，所以要經營安適的起居，便利的交通，潔淨的城市，優美的藝術，安全的社會，清明的政治。縱觀西洋近代的一切工藝，科學，法制，固然其中也不少殺人的利器與侵略掠奪的制度，我們終不能不承認那利用厚生的基本精神。

這個利用厚生的文明，當真忽略了人類心靈上與精神上的要求嗎？當真是一種唯物的文明嗎？

我們可以大膽地宣言：西洋近代文明絕不輕視人類的精神上的要求。我們還可以大膽地進一步說：西洋近代文明能夠滿足人類心靈上的要求的程度，遠非東洋舊文明所能夢見。在這一方面看來，西洋近代文明絕非唯物的，乃是理想主義的 (Idealistic)，乃是精神的 (Spiritual)。

我們先從理智的方面說起。

西洋近代文明的精神方面的第一特色是科學。科學的根本精神在於求真理。人在世間，受環境的逼迫，受習慣的支配，受迷信與成見的拘束。只有真理可以使你自由，使你強而有力，使你聰明聖智；只有真理可以使你打破你的環境裡的一切束縛，使你戡天，使你縮地，使你天不怕，地不怕，堂堂地做一個人。求知是人類天生的一種精神上的最大要求。東方的舊文明對於這個要求，不但不想滿足它，並且常想裁製它、斷絕它。所以東方古聖人勸人要「無知」，要「絕聖棄智」，要「斷思維」，要「不識不知，順帝之則」。這是畏難，這是懶惰。這種文明，還能自誇可以滿足心靈上的要求嗎？

東方的懶惰聖人說，「吾生也有涯，而知也無涯，以有涯逐無涯，殆已。」所以他們要人靜坐澄心，不思不慮，而物來順應。這是自欺欺人的誑語，這是人類的誇大狂。真理是深藏在事物之中的；你不去尋求探討，它絕不會露面。科學的文明教人訓練我們的官能智慧，一點一滴地去尋求真理，一絲一毫不放過，一銖一兩地積起來。這是求真理的唯一法門。自然(Nature)是一個最狡猾的妖魔，只有敲打逼拶可以逼她吐露真情。不思不慮的懶人只好永永做愚昧的人，永永走不進真理之門。

東方的懶人又說：「真理是無窮盡的，人的求知的慾望如何能滿足呢？」誠然，真理是發現不完的。但科學絕不因此而退縮。科學家明知真理無窮，知識無窮，但他們仍然有他們的滿足：進一寸有一寸的愉快，進一尺有一尺的滿足。二千多年前，一個希臘哲人思索一個難題，想不出道理來；有一天，他跳進浴盆去洗澡，水漲起來，他忽然明白了，他高興極了，赤裸裸地跑出門去，在街上亂嚷道，「我尋著了！我尋著了！」(Eureka! Eureka!) 這是科學家的滿足。Newton（牛頓），Pasteur（巴斯德）以至於 Edison（愛迪生）時時有這樣的愉快。一點一滴都是進步，一步一步都可以躊躇滿志。這種心靈上的快樂是東方的懶聖人所夢想不到的。

這裡正是東西文化的一個根本不同之點。一邊是自暴自棄的不思不慮，一邊是繼續不斷地尋求真理。

朋友們，究竟是哪一種文化能滿足你們的心靈上的要求呢？

其次，我們且看看人類的情感與想像力上的要求。

文藝、美術，我們可以不談，因為東方的人，凡是能睜開眼睛看世界的，至少還都能承認西洋人並不曾輕蔑了這兩個重要的方面。

我們來談談道德與宗教罷。

近世文明在表面上還不曾和舊宗教脫離關係，所以近世文化還不曾明白建立它的新宗教新道德。但我們研究歷史的人不能不指出近世文明自有它的新宗教與新道德。科學的發達提高了人類的知識，使人們求知的方法更精密了，評判的能力也更進步了，所以舊宗教的迷信部分漸漸被淘汰到最低限度，漸漸地連那最低限度的信仰——上帝的存在與靈魂的不滅——也發生疑問了。所以這個新宗教的第一特色是它的理智化。近世文明仗著科學的武器，開闢了許多新世界，發現了無數新真理，征服了自然界的無數勢力，叫電氣趕車，叫「以太」送信，真個做出種種動地掀天的大事業來。人類的能力的發展使他漸漸增加對於自己的信仰心，漸漸把向來信天安命的心理變成信任人類自己的心理。所以這個新宗教的第二特色是它的人化。知識的發達不但抬高了人的能力，並且擴大了他的眼界，使他胸襟闊大，想像力高遠，同情心濃摯。同時，物質享受的增加使人有餘力可以顧到別人的需要與痛苦。擴大了的同情心加上擴大了的能力，遂產生了一個空前的社會化的新道德，所以這個新宗教的第三特色就是它的社會化的道德。

古代的人因為想求得感情上的安慰，不惜犧牲理智上的要求，專靠信心（Faith），不問證據，於是信鬼，信神，信上帝，信天堂，信淨土，信地獄。近世科學便不能這樣專靠信心了。科學並不菲薄感情上的安慰；科學只要求一切信仰須要禁得起理智的評判，須要有充分的證據，凡沒有充分證據的，只可存疑，不足信仰。赫胥黎（Huxley）說得最好：

> 如果我對於解剖學上或生理學上的一個小小困難，必須要嚴格的不信任一切沒有充分證據的東西，方才可望有成績，那麼，我對於人生的奇祕的解決，難道就可以不用這樣嚴格的條件嗎？

這正是十分尊重我們的精神上的要求。我們買一畝田，賣三間屋，尚且要一張契據；關於人生的最高希望的根據，豈可沒有證據就胡亂信仰嗎？

這種「拿證據來」的態度，可以稱為近世宗教的「理智化」。

從前人類受自然的支配，不能探討自然界的祕密，沒有能力抵抗自然的殘酷，所以對於自然常懷著畏懼之心。拜物，拜畜生，怕鬼，敬神，「小心翼翼，昭事上帝」，都是因為人類不信任自己的能力，不能不依靠一種超自然的勢力。現代的人便不同了。人的智力居然征服了自然界的無數質力，上可以飛行無礙，下可以潛行海底，遠可以窺算星辰，近可以觀察極微。這個兩隻手一個大腦的動物——人——已成了世界的主角，他不能不尊重自己了。一個少年的革命詩人曾這樣的歌唱：

我獨自奮鬥，勝敗我獨自承當，
我用不著誰來放我自由，
我用不著什麼耶穌基督，
妄想他能替我贖罪替我死。

I fight alone and，win or sink，
I need no one to make me free，
I want no Jesus Christ to think，
That he could ever die for me.

這是現代人化的宗教。信任天不如信任人，靠上帝不如靠自己。我們現在不妄想什麼天堂、天國了，我們要在這個世界上建造「人的樂國」。我們不妄想做不死的神仙了，我們要在這個世界上做個活潑健全的人。我們不妄想什麼四禪定、六神通了，我們要在這個世界上做個有聰明智慧可以戡天縮地的人。我們也許不輕易信仰上帝的萬能

了，我們卻信仰科學的方法是萬能的，人的將來是不可限量的。我們也許不信靈魂的不滅了，我們卻信人格是神聖的，人權是神聖的。

這是近世宗教的「人化」。

但最重要的要算近世道德宗教的「社會化」。

古代的宗教大抵注重個人的拯救；古代的道德也大抵注重個人的修養。雖然也有自命普度眾生的宗教，雖然也有自命兼濟天下的道德，然而終苦於無法下手，無力實行，只好仍舊回到個人的身心上用功夫，做那向內的修養。越向內做功夫，越看不見外面的現實世界；越在那不可捉摸的心性上玩把戲，越沒有能力應付外面的實際問題。即如中國八百年的理學工夫居然看不見二萬萬婦女纏足的慘無人道！明心見性，何補於人道的苦痛困窮！坐禪主敬，不過造成許多「四體不勤，五穀不分」的廢物！

近世文明不從宗教下手，而結果自成一個新宗教；不從道德入門，而結果自成一派新道德。十五、十六世紀的歐洲國家簡直都是幾個海盜的國家，哥倫布（Columbus）、麥哲倫（Magellan）、德瑞克（Drake）一班探險家都只是一些大海盜。他們的目的只是尋求黃金、白銀、香料、象牙、黑奴。然而這班海盜和海盜帶來的商人開闢了無數新地，開拓了人的眼界，抬高了人的想像力，同時又增加了歐洲的富力。工業革命接著起來，生產的方法根本改變了，生產的能力更發達了。二三百年間，物質上的享受逐漸增加，人類的同情心也逐漸擴大。這種擴大的同情心便是新宗教新道德的基礎。自己要爭自由，同時便想到別人的自由，所以不但自由須以不侵犯他人的自由為界限，並且還進一步要求絕大多數人的自由。自己要享受幸福，同時便想到人的幸福，所以樂利主義(Utilitarianism)的哲學家便提出「最大多數的最大幸福」的標準來做人類社會的目的。這都是「社會化」的趨勢。

十八世紀的新宗教信條是自由，平等，博愛。十九世紀中葉以後的新宗教信條是社會主義。這是西洋近代的精神文明，這是東方民族不曾有過的精神文明。

固然東方也曾有主張博愛的宗教，也曾有公田均產的思想。但這些不過是紙上的文章，不曾實地變成社會生活的重要部分，不曾變成範圍人生的勢力，不曾在東方文化上發生多大的影響。在西方便不然了。「自由、平等、博愛」成了十八世紀的革命口號。美國的革命、法國的革命，一八四八年全歐洲的革命運動，一八六二年的南北美戰爭，都是在這三大主義的旗幟之下的大革命。美國的憲法、法國的憲法，以至於南美洲諸國的憲法，都是受了這三大主義的絕大影響的。舊階級的打倒，專制政體的推翻，法律之下人人平等的觀念的普遍，「信仰、思想、言論、出版」幾大自由的保障的實行，普及教育的實施，婦女的解放，女權的運動，婦女參政的實現，……都是這個新宗教新道德的實際的表現。這不僅僅是三五個哲學家書本子裡的空談；這都是西洋近代社會政治制度的重要部分，這都已成了範圍人生，影響實際生活的絕大勢力。

十九世紀以來，個人主義的趨勢的流弊漸漸暴白於世了，資本主義之下的苦痛也漸漸明瞭。遠識的人知道自由競爭的經濟制度不能達到真正「自由、平等、博愛」的目的。向資本家手裡要求公道的待遇，等於「與虎謀皮」。救濟的方法只有兩條大路：一是國家利用其權力，實行裁制資本家，保障被壓迫的階級；一是被壓迫的階級團結起來，直接抵抗資產階級的壓迫與掠奪。於是各種社會主義的理論與運動不斷地發生。西洋近代文明本建築在個人求幸福的基礎之上，所以向來承認「財產」為神聖的人權之一。但十九世紀中葉以後，這個觀念根本動搖了；有的人竟說「財產是賊贓」，有的人竟說「財產是掠奪」。現在私有財產制雖然還存在，然而國家可以徵收極重的所得稅和遺產稅，財產久已不許完全私有了。勞動是向來受賤視的；但資本集中的制度使勞工有大組織的可能，社會主義的宣傳與階級的自覺又使勞工覺悟團結的必要，於是幾十年之中有組織的勞動階級遂成了社會上最有勢力的分子。十年以來，工黨領袖可以執掌世界強國的政權，同盟總罷工可以屈服最有勢力的政府，俄國的勞農階級竟做了全國的專政階級。這個社會主義的大運動現在還正在進行的時期。但他的成績已很可觀了。各國的「社會立法」（Social Legislation）的發達，工廠的視察，工廠衛生的改良，兒童工作與婦女工作的救濟，紅利分配制度的推行，縮短工作時間的實行，工人的保險，合作制之推行，最低薪資（Minimum Wage）的運動，失業的救濟，級進位制的（Progressive）所得稅與遺產稅的實行……這都是這個大運動已經做到的成績，這也不僅僅是紙上的文章，這也都已成了近代文明的重要部分。

這是「社會化」的新宗教與新道德。東方的舊腦筋也許要說：「這是爭權奪利，算不得宗教與道德。」這裡又正是東西文化的一個根本不同之點。一邊是安分，安命，安貧，樂天，不爭，認吃虧；一邊是不安分，不安貧，不肯吃虧，努力奮鬥，繼續改善現成的境地。東方人見人富貴，說他是「前世修來的」；自己貧，也說是「前世不曾修」，說是「命該如此」。西方人便不然，他說，「貧富的不平等，痛苦的待遇，都是制度的不良的結果，制度是可以改良的。」他們不是爭權奪利，他們是爭自由，爭平等，爭公道；他們爭的不僅僅是個人的私利，他們奮鬥的結果是人類最大多數人的福利。最大多數人的最大幸福，不是袖手念佛號可以得來的，是必須奮鬥力爭的。

朋友們，究竟是哪一種文化能滿足你們的心靈上的要求呢？

我們現在可綜合評判西洋近代的文明了。這一系的文明建築在「求人生幸福」的基礎之上，的確替人類增進了不少的物質上的享受；然而它也確然很能滿足人類的精神上的要求。它在理智的方面，用精密的方法，繼續不斷地尋求真理，探索自然界無窮的祕密。它在宗教道德的方面，推翻了迷信的宗教，建立合理的信仰；打倒了神權，建立人化的宗教；拋棄了那不可知的天堂淨土，努力建設「人的樂國」、「人世的天堂」；丟開了那自稱的個人靈魂的超拔，盡量用人的新想像力和新智力去推行那充分社會化了的新宗教與新道德，努力謀人類最大多數的最大幸福。

東方的文明的最大特色是知足。西洋的近代文明的最大特色是不知足。

知足的東方人自安於簡陋的生活，故不求物質享受的提高；自安於愚昧，自安於「不識不知」，故不注意真理的發現與技藝器械的發明；自安於現成的環境與命運，故不想征服自然，只求樂天安命，不想改革制度，只圖安分守己，不想革命，只做順民。

這樣受物質環境的拘束與支配，不能跳出來，不能運用人的心思智力來改造環境改良現狀的文明，是懶惰不長進的民族的文明，是真正唯物的文明。這種文明只可以遏抑而決不能滿足人類精神上的要求。

西方人大不然。他們說「不知足是神聖的」(Divine Discontent)。物質上的不知足產生了今日的鋼鐵世界，汽機世界，電力世界。理智上的不知足產生了今日的科學世界。社會政治制度上的不知足產生了今日的民權世界，自由政體，男女平權的社會，勞工神聖的喊聲，社會主義的運動。神聖的不知足是一切革新一切進化的動力。

這樣充分運用人的聰明智慧來尋求真理以解放人的心靈，來制服天行以供人用，來改造物質的環境，來改革社會政治的制度，來謀人類最大多數的最大幸福，——這樣的文明應該能滿足人類精神上的要求，這樣的文明是精神的文明，是真正理想主義的(Idealistic)文明，絕不是唯物的文明。

固然，真理是無窮的，物質上的享受是無窮的，新器械的發明是無窮的，社會制度的改善是無窮的。但格一物有一物的愉快，革新一器有一器的滿足，改良一種制度有一種制度的滿意。今日不能成功的，明日明年可以成功；前人失敗的，後人可以繼續助成。盡一分力便有一分的滿意；無窮的進境上，步步都可以給努力的人充分的愉快。所以大詩人丁尼生（Tennyson）借古英雄 Ulysses（尤利西斯）的口氣歌唱道：

然而人的閱歷就像一座穹門，
從那裡露出那不曾走過的世界。
越走越遠，永永望不到他的盡頭。
半路上不幹了，多麼沉悶呵！
明晃晃的快刀為什麼甘心上鏽？
難道留得一口氣就算得生活了？
……
朋友們，來罷！
去尋一個更新的世界是不會太晚的。
……
用掉的精力固然不回來了，剩下的還不少呢。
現在雖然不是從前那樣掀天動地的身手了，
然而我們畢竟還是我們，——
光陰與命運頹唐了幾分壯志！

終止不住那不老的雄心，
去努力，去探尋，去發現，
永不退讓，不屈服。

一九二六，六，六。

我的信仰

一

我父胡珊，是一位學者，也是一個有堅強意志、有治理才幹的人。經過一個時期的文史經籍訓練後，他對於地理研究，特別是邊省的地理，大起興趣。他前往京師，懷了一封介紹書，又走了四十二日而達北滿吉林，進見欽差大臣吳大澂。吳氏是現在見知於歐洲研究中國學問者之中國的一個大考古學家。

吳氏延見他，問有什麼可以替他為力的。我父說道：「沒有什麼，只求准我隨節去解決中俄界務的糾紛，俾我得以研究東北各省的地理。」吳氏對於這個只有秀才底子，在關外長途跋涉之後，差不多已是身無分文的學者，覺得有味。他帶了這個少年去幹他那歷史上有名的差使，得他做了一個最有價值、最肯做事的幫手。

有一次與我父親同走的一隊人，迷陷在一個廣闊的大森林之內，三天找不著出路。到糧食告盡，一切偵察均歸失敗時，我父親就提議尋覓溪流。溪流是多半流向森林外面去的，一條溪流找到了，他們一班人就順流而行，得達安全的地方。我父親作了一首長詩紀念這次的事蹟，乃四十年後，我在《論杜威教授系統思想說》的一篇論文裡，用這件事實以為例證，雖則我未嘗提到他的名字，有好些與我父親相熟而猶生存著的人，都還認得出這件故事，並寫信問我是不是他們故世已久的朋友的一個小兒子。

吳大澂對我父親雖曾一度向政府薦舉他為「有治省才能的人」，政治上卻並未得臻通顯，歷官江蘇、臺灣後，遂於臺灣因中日戰爭的結果而割讓與日本時，以五十五歲的壽誕逝世。

二

我是我父親的幼兒，也是我母親的獨子。我父親娶妻凡三次：前妻死於太平天國之亂，亂軍掠遍安徽南部各縣，將其化為灰燼。次娶生了三個兒子、四個女兒。長子從小便證明是個難望洗心革面的敗子。我父親喪了次妻後，寫信回家，說他一定要討一個純良強健的、做莊家人家的女兒。

我外祖父務農，於年終幾個月內兼業裁縫。他是出身於一個循善的農家，在太平天國之亂中，全家被殺。因他還只是一個小孩子，故被太平軍掠做俘虜，帶往軍中當差。為要防他逃走，他的臉上就刺了「太平天國」四字，終其身都還留著，但是他吃了種種困苦，居然逃了出來，回到家鄉，只尋得一片焦土，無一個家人還得活著。他勤苦工作。耕種田地，兼做裁縫，裁縫的手藝，是他在賊營裡學來的。他漸漸長成，娶了一房妻子，生下四個兒女，我母親就是最長的。

我外祖父一生的心願就是想重建被太平軍毀了的家傳老屋。他每天早上，太陽未出，便到溪頭去挑選選三大擔石子，分三次挑回廢屋的地基。挑完之後，他才去種田或去做裁縫。

，又去三次，挑了三擔石子，才吃晚飯。凡此辛苦恆毅的工作，都給我母親默默看在眼裡，他暗恨身為女兒，毫無一點法子能減輕他父親的辛苦，促他的夢想實現。

隨後來了個媒人，在田裡與我外祖父會見，雄辯滔滔的向他替我父親要他大女兒的庚帖。我外祖父答應回去和家裡商量。但到他在晚上把所提的話對他的妻子說了，她就大生氣。她說：「不行！把我女兒嫁給一個大她三十歲的人，你真想得起？況且他的兒女也有年紀比我們女兒還大的！還有一層，人家自然要說我們嫁女兒給一個老官，是為了錢財體面而把她犧牲的。」於是這一對老夫妻吵了一場。後來做父親的說：「我們問問女兒自己。說來說去，這到底是她自己的事。」

到這個問題對我母親提了出來，她不肯開口。中國女子遇到同類的情形常是這樣的。但她心裡卻在深思沉想。嫁與中年喪偶、兼有成年兒女的人做填房，送給女家的聘金財扎比一般婚姻卻要重得多，這點於她父親蓋房子的計畫將大有幫助。況她以前又是見過我父親的，知道他為全縣人所敬重。她愛慕他，願意嫁他，為的半是英雄崇拜的意識，但大半卻是想望幫助勞苦的父親的孝恩。所以到她給父親逼著答話，她就堅決地說：「只要你們倆都說他是好人，請你們倆做主。男人家四十七歲也不能算是老。」我外祖父聽了，嘆了一口氣，我外祖母可氣地跳起來，憤憤地說：「好呵！你想做官太太了！好罷，聽你情願罷！」

三

我母親於一八八九年結婚，時年十七，我則生在一八九一年十二月。我父歿於一八九五年，留下我母親二十三歲做了寡婦。我父棄世，我母便做了一個有許多成年兒女的大家庭的家長。中國做後母的地位是十分困難的。她的生活自此時起，自是一個長時間的含辛茹苦。

我母親最大的稟賦就是容忍。中國史書記載唐朝有個皇帝垂詢張公儀那位家長，問他家以什麼道理能九世同居而不分離拆散。那位老人家因過於衰邁，難以口述，請准用筆寫出回答。他就寫了一百個「忍」字。中國道德家時常舉出「百忍」的故事為家庭生活最好的例子，但他們似乎沒有一個曾覺察到許多苦惱、傾軋、壓迫和不平，使容忍成了一種必不可少的事情。

那班接腳媳婦凶惡不善的感情，利如鋒刃的話語，含有敵意的嘴臉，我母親事事都耐心容忍。她有時忍到不可再忍，這才早上不起床，柔聲大哭，哭她早喪丈夫，她從不開罪她的媳婦，也不提開罪的那件事，但是這些眼淚，每次都有神祕莫測的效果。我總聽得有一位嫂嫂的房門開了，和一個婦人的腳步聲向廚房走去。不多一會，她轉來敲我們房門了。她走進來捧著一碗熱茶，送給我的母親，勸她止哭，母親接了茶碗，受了她不出聲的認錯，然後家裡又太平清靜得個把月。

我母親雖則並不知書識字，卻把她的全副希望放在我的教育上。我是一個早慧的小孩，不滿三歲時，就已認了八百多字，都是我父親每天用紅箋方塊教我的。我才滿三歲零點，便在學堂裡念書。我當時是個多病的小孩，沒有攙扶，不能跨一個六英寸高的門檻。但我比學堂裡所有別的學生都能讀能記些。我從不跟著村中的孩子們一塊兒玩。更因我缺少遊戲，我五歲時就得了「先生」的綽號。十五年後，我在康乃爾大學做二年級時，也同是為了這個弱點，而得了 Doc（Doctor 縮讀，音與 dog 同，故用作諧稱）的渾名。

每天天還未亮時，我母親便把我喊醒，叫我在床上坐起。她然後把對我父親所知的一切告訴我。她說她望我踏上他的腳步，她一生只曉得他是最善良最偉大的人。據她說，他是一個多麼受人敬重的人，以致在他間或休假回家的時期中，附近煙窟賭館都改行停業。她對我說我唯有行為好，學業科學考察成功，才能使他們兩老增光；又說她所受的種種苦楚，得以由我勤敏讀書來酬償。我往往眼睛半睜半閉的聽。但她除遇有女客與我們同住在一個房間的時候外，罕有不施這番晨訓的。

到天大明時，她才把我的衣服穿好，催我去上學。我年稍長，我總是第一個到學堂，並且差不多每天早晨都是去敲先生的門要鑰匙去開學堂的門。鑰匙從門縫裡遞了出來。我隔一會就坐在我的座位上朗朗念書了。學堂裡到薄暮才放學，屆時每個學生都向朱印石刻的孔夫子大象和先生鞠躬回家。日中上課的時間平均是十二小時。

我母親一面不許我有任何種類的兒童遊戲，一面對於我建一座孔聖廟的孩子氣的企圖，卻給我種種鼓勵。我是從我同父異母的姊姊的長子，大我五歲的一個小孩那裡學來的。他拿各種華麗的色紙紮了一座孔廟，使我心裡羨慕。我用一個大紙匣子作為正殿，背後開了一個方洞，用一隻小匣子糊上去，做了擺孔子牌位的內堂。外殿我供了孔子的各大賢徒，並貼了些小小的匾對，書著頌揚這位大聖人的字句，其中半系錄自我外甥的廟裡，半系自書中抄來。在這座玩具的廟前，頻頻有香炷燃著。我母親對於我這番有孩子氣的虔敬也覺得歡喜，暗信孔子的神靈一定有報應，使我成為一個有名的學者，並在科學考察中成為一個及第的士子。

我父親是一個經學家，也是一個嚴守朱熹（一一三〇—一二〇〇）的新儒教理學的人。他對於釋道兩教強烈反對。我還記得見我叔父家（那是我的開蒙學堂）的門上有一張日光晒淡了的字條，寫著「僧道無緣」幾個字。我後來才得知這是我父親所遺理學家規例的一部。但是我父親業已去世，我那彬彬儒雅的叔父，又到皖北去做了一員小吏，而我的幾位哥子則都在上海。剩在家裡的婦女們，對於我父親的理學遺規，沒有什麼拘束了。他們遵守敬奉祖宗的常禮，並隨風俗時會所趨，而自由禮神拜佛。觀音菩薩是他們所最愛的神，我母親是為了出於焦慮我的健康福祉的念頭，也做了觀音的虔誠信士。我記得有一次她到山上觀音閣裡去進香，她雖纏足，纏足是苦了一生的，在整段的山路上，還是步行來回。

我在村塾（村中共有七所）裡讀書。讀了九年（一八九五—一九〇四）。在此期間，我讀習並記誦了下列幾部書：

1.《孝經》：孔子後的一部經籍，作者不明。

2.《小學》：一部論新儒教道德學說的書，普通謂系宋哲朱熹所作。

3.《四書》：《論語》、《孟子》、《大學》、《中庸》。

4.《五經》中的四經：《詩經》、《尚書》、《易經》、《禮記》。

我母親對於家用向來是節省的，而付我先生的學金，卻堅要比平常要多三倍。平常學金兩塊銀元一年，她首先便送六塊錢，後又逐漸增加到十二元。由增加學金這一點小事情，我得到千百倍於上述數目比率所未能給的利益。因為那兩元的學生，單單是高聲朗讀，用心記誦，先生從不勞神去對他講解所記的字。獨我為了有額外學金的緣故，得享受把功課中每字每句解給我聽，就是將死板文字譯作白話這項難得的權利。

我年還不滿八歲，就能自己念書，由我二哥的提議，先生使我讀《資治通鑑》。這部書，實在是大歷史家司馬光於一〇八四年所輯編年式的中國通史。這番讀史，使我發生很大的興趣，我不久就從事把各朝代各帝王各年號編成有韻的歌訣，以資記憶。隨後有一天，我在叔父家裡的廢紙箱中，偶然看見一本《水滸傳》的殘本，便站在箱邊把它看完了。我跑遍全村，不久居然得著全部。從此以後，我讀盡了本村鄰村所知的小說。這些小說都是用白話或口語寫的，既易了解，又有引人入勝的趣味。它們教我人生，好的也教，壞的也教，又給了我一件文藝的工具，若干年後，使我能在中國開始民眾所稱為「文學革命」的運動。

其時，我的宗教生活經過一個特異的激變。我係生長在拜偶像的環境，習於諸神凶惡醜怪的面孔，和天堂地獄的民間傳說。我十一歲時，一日，溫習朱子的《小學》，這部書是我能背誦而不甚了解的。我念到這位理學家引司馬光那位史家攻擊天堂地獄的通俗信仰的話。這段話說：「形既朽滅，神亦飄散，雖有判燒舂磨，亦無所施。」這話好像說得很有道理，我對於死後審判的觀念，就開始懷疑起來。

往後不久，我讀司馬光的《資治通鑑》，讀到第一百三十六卷中有一段，使我成了一個無神論者。所說起的這一段，述紀元五世紀名范縝的一位哲學家，與朝眾競辯「神滅論」。朝廷當時是提倡大乘佛法的。范縝的見解，由司馬光攝述為這幾句話：「形者神之質地，神者形之用也。神之於形，猶利之於刃。未聞刃沒而利存，豈容形滅而神在哉。」

這比司馬光的形滅神散的見解——一種仍認有精神的理論——還更透澈有理。范縝根本否認精神為一種實體，謂其僅系神之用。這一番化繁為簡合著我兒童的心胸。讀到「朝野喧譁，難之，終不能屈」，更使我心悅。

同在那一段內，又引據范縝反對因果輪迴說的事。他與竟陵王談論，王對他說：「君不信因果，何得有富貴貧賤？」范縝答道：「人生如樹花同發，隨風而散：或拂簾幌，墜茵席之上；或關籬牆，落糞涵之中。墮茵席者，殿下是也；落糞涵者，下官是也。貴賤雖復殊途，因果竟在何處？」

因果之說，由印度傳來，在中國人思想生活上已成了主要部分的少數最有力的觀念之一。中國古代道德家，常以「善有善報，惡有惡報」為訓。但在現實生活上並不真確。佛教的因果優於中國果報觀念的地方，就是可以躲過這個問題，將其歸之於前世來世不斷的輪迴。

但是范縝的比喻，引起了我幼稚的幻想，使我擺脫了噩夢似的因果絕對論，這是以偶然論來對定命論。而我以十一歲的兒童就取了偶然論而叛離了運命，我在那個兒童時代是沒有牽強附會的推理的，僅僅是脾性的迎拒罷了。我是我父親的兒子，司馬光和范縝又得了我的心。僅此而已。

四

但是這一種心境的激變，在我早年不無可笑的結果，一九〇三年的新年裡，我到我住在二十四里外的大姊家去拜年。在她家住了幾天，我和她的兒子回家，他是來拜我母親的年的。他家的一個長工替他挑著新年禮物。我們回到路上，經過一個亭子，供著幾個奇形怪狀的神像。我停下來對我外甥說：「這裡沒有人看見，我們來把這幾個菩薩拋到汙泥坑裡去罷。」我這帶孩子氣的毀壞神像主張，把我的同伴大大地嚇住了。他們勸我走路，莫去惹那些本來已經瀕於危境的神道。

這一天正是元宵燈節，我們到了家中，家裡有許多客人，我的肚子已經餓了，開飯的時候，我外甥又勸我喝了上杯燒酒。酒在我的肚子裡，便作怪起來。我不久便在院子裡跑，喊月亮下來看燈。我母親不悅，叫人來捉我。我在他們前頭跑，酒力因我跑路，作用更起得快。我終被捉住，但還努力想掙脫。我母親抱住我，不久便有許多人朝我們圍攏來。

我心裡害怕，便胡言亂道起來。於是我外甥家的長工走到我母親身邊，低低地說：「外婆，我想他定是精神錯亂了。恐怕是神道怪了他。今天下午我們路過三門亭，他提議要把幾尊菩薩拋到汙泥坑裡去。一定是這番話弄出來的事。」我竊聽了長工的話，忽然想出一條妙計。我喊叫得更凶，好像我就真是三門亭的一個神一樣。我母親於是便當空焚香禱告，說我年幼無知無咎，許下如果蒙神恕我小孩子的罪過，定到亭上去燒香還願。

這時候，得報說龍燈來了，在我們屋裡的人，都急忙跑去看，只剩下我和母親兩個人。一會兒我就睡著了。母親許的願，顯然是靈應了。一個月後，我母親和我上外婆家去，她叫我恭恭敬敬地在三門亭還我們許下的願。

五

我年甫十三，即離家上路七日，以求「新教育」於上海。自這次別離後，我於十四年之中，只省候過我母親三次，一總同她住了大約七個月。出自她對我偉大的愛忱，她送我出門，分明沒有灑過一滴眼淚就讓我在這廣大的世界中，獨自求我自己的教育和發展，所帶著的，只是一個母親的愛、一個讀書的習慣和一點點懷疑的傾向。

我在上海過了六年（一九〇四－一九一〇），在美國過了七年（一九一〇－一九一七）。在我停留在上海的時期內，我經歷過三個學校（無一個是教會學校），一個都沒有畢業，我讀了當時所謂的「新教育」的基本東西，以歷史、地理、英文、數學，和一點零碎的自然科學為主。從故林纖氏及其他請人的意譯文字中，我初次認識一大批英國和歐洲的小說家，司各特（Scott）、狄更斯（Dickens）、大小仲馬、雨果（Hugo），以及托爾斯泰（Tolstoy）等氏的都在內。我讀了中國上古、中古幾位非儒教和新儒教哲學家的著作，並喜歡墨翟的兼愛說與老子、莊子有自然色彩的哲學。

從當代力量最大的學者梁啟超氏的通俗文字中，我漸得略知霍布斯（Hobbes）、笛卡兒（Descartes）、盧梭（Rousseau）、邊沁（Bentham）、康德（Kant）、達爾文（Darwin）等諸泰西思想家。梁氏是一個崇拜近代西方文明的人，連續發表了些文字，坦然承認中國人以一個民族而言，對於歐洲人所具有許多良好特性，感受缺乏；顯著的是注重公共道德，國家思想，愛冒險，私人權利觀念與熱心防其被侵，愛自由，自治能力，結合的本事與組織的努力，注意身體的培養與健康等。就是這幾篇文字猛力把我以我們古舊文明為自足，除戰爭的武器，商業轉運的工具外，沒有什麼要向西方求學的這種安樂夢中，震醒出來。它們開了給我，也就好像開了給幾千幾百別的人一樣，對於世界整個的新眼界。

我又讀過嚴復所譯穆勒（John Stuart Mill）的《論自由》（*On Liberty*）和赫胥黎（Huxley）的《天演論》（*Evolution and Ethic*）。嚴氏所譯赫胥黎的論著，於一八九八年就出版，並立即得到知識階級的接受。有錢的人拿錢出來翻印新版以廣流傳（當時並沒有版權），因為有人以達爾文的言論，尤其是它在社會上與政治上的運用，對於一個感受惰性與儒滯日久的民族，乃是一個合宜的刺激。數年之間，許多的進化名詞在當時報章雜誌的文字上，就成了口頭禪。無數的人，都採來做自己的和兒輩的名號，由是提醒他們國家與個人在生存競爭中消滅的禍害。向嘗一度聞名的陳炯明以「競存」為號。我有兩個同學名楊天擇和孫競存。

就是我自己的名字，對於中國以進化論為時尚，也是一個證據。我請我二哥替我起個學名的那天早晨，我還記得清楚。他只想了一刻，他就說，「『適者生存』中的『適』字怎麼樣？」我表同意；先用來做筆名，最後於一九一〇年就用作我的名字。

六

我對於達爾文與史賓賽兩氏進化假說的一些知識，很容易的與幾個中國古代思想家的自然學說連了起來。例如在道家偽書《列子》所述的下面這個故事中，發現二千年前有一個一樣年輕，同抱一樣信仰的人，使我的童心歡悅：齊田氏祖於庭，食客千人。中坐有獻魚雁者，田氏視之，乃嘆曰：「天之於民厚矣！殖五穀，生魚鳥以為之用。」眾客和之如響。鮑氏之子，年十二，預於次，進曰：「不如君言。天地萬物，與我並生，類也。類無貴賤，徒以大小智力而相制，造相食，非相為而生之。人取食者而食之，豈天本為人而生之，且蚊蚋哈膚，虎狼食肉，豈天本為蚊的生人，虎狼生肉者哉？」

一九〇六年，我在中國公學同學中，有幾位辦了一個定期刊物，名《競業旬報》，——達爾文學說通行的又一例子——其主旨在以新思想灌輸於未受教育的民眾，系以白話刊行。我被邀在創刊號撰稿。一年之後，我獨自做編輯。我編輯這個雜誌的工作不但幫助我啟發運用現行口語為一種文藝工具的才能，且以明白的話語及合理的次序，想出自我幼年就已具了形式的觀念和思想。在我為這個雜誌所著的許多論文內，我猛力攻擊人民的迷信，且坦然主張譭棄神道，兼持無神論。

一九〇八年，我家因營業失敗，經濟大感困難。我於十七歲上，就必須供給我自己讀書，兼供養家中的母親。我有一年多停學，教授初等英文，每日授課五小時，月得脩金八十元。一九一〇年，我教了幾個月的國文。

那幾年（一九〇九—一九一〇）是中國歷史上的黑暗時代，也是我個人歷史上的黑暗時代。革命在好幾省內爆發，每次都歸失敗。中國公學原是革命活動的中心，我在那裡的舊同學參加此等密謀的實繁有徒，喪失生命的為數也不少。這班政治犯有好些來到上海與我住在一起，我們都是意氣消沉，厭世悲觀的。我們喝酒，作悲觀的詩詞，日夜談論，且往往作沒有輸贏的賭博。我們甚至還請了一個老伶工來教我們唱戲。有一天早上，我作了一首詩，中有這一句：「霜濃欺日淡」！

意氣消沉與執勞任役驅使我們走入了種種的流浪放蕩。有一個雨夜，我喝酒喝得大醉，在鎮上與巡捕角鬥，把我自己弄進監裡去關了一夜。到我次晨回寓，在鏡中看出我臉上的血痕，就記起李白飲酒歌中的這一句：「有人用武力，任出吾身物。」我決心脫離教書和我的這班朋友。下了一個月的苦功夫，我就前往北京投考用美國退還庚子賠款所設的學額。我考試及格，即於七月間放洋赴美。

七

我到美國，滿懷悲觀。但不久便交結了些朋友，對於那個國家和人民都很喜愛。美國人出自天真的樂觀與朝氣給了我很好的印象。在這個地方，似乎無一事一物不能由人類智力做得成的。我不能避免這種對於人生持有喜氣的眼光的傳染，數年之間，就漸漸治療了我少年老成的態度。

我第一次去看足球比賽時，我坐在那裡以哲學的態度看球賽時的粗暴及狂叫歡呼為樂。而這種狂叫歡呼在我看來，似乎是很不夠大學生的尊嚴的。但是到競爭愈漸激烈，我也就開始領悟這種熱心。隨後我偶然回頭望見白了頭髮的植物學教授勞理先生（Mr. W.W.Rowlee）誠心誠意地在歡呼狂叫，我覺得如是的自慚，以致我不久也就熱心的陪著眾人歡呼了。

就是在民國初年最黑暗的時期內，我還是想法子打起我的精神。在致一個華友的信裡面，我說道：「除了你我自己灰心失意，以為無希望外，沒有事情是無希望的。」在我的日記上，我記下些引錄的句子，如引克洛浦（Clough）的這一句：「如果希望是麻醉物，恐懼就是作偽者。」又如我自己譯自白朗寧的這一節詩：

從不轉背而挺身向前，
從不懷疑雲要破裂，
雖合理的弄糟，違理的占勝，
而從不作迷夢的，相信我們沉而再升，敗而再戰，
睡而再醒。

一九一四年一月，我寫這一句在我的日記上：「我相信我自離開中國後，所學得的最大的事情，就是這種樂觀的人生哲學了。」一九一五年，我以關於白朗寧最優的論文得受柯生獎金。我論文的題目是《白朗寧樂觀主義辯》。我想來大半是我漸次改變了的人生觀使我於替他辯護時，以一種誠信的意識來發言。

我係以在康乃爾大學做紐約農科學院的學生開始我的大學生涯。我的選擇是根據了當時中國盛行的，謂中國學生須學點有用的技藝，文學、哲學是沒有什麼實用的這個信念。但是也有一個經濟的動機。農科學院當時不收學費，我心想或許還能夠把每月的月費省下一部來匯給我的母親。

農場上的經驗我一點都不曾有過，並且我的心也不在農業上。一年級的英國文學及德文課程，較之農場實習和養果學，反使我感覺興趣。躊躇觀望了一年又半，我最後轉入文理學院，一次繳納四個學期的學費，就是使我受八個月困境的處分。但是我對於我的新學科覺得更為自然，從不懊悔這番改變。

有一科《歐洲哲學史》——歸故克萊頓教授那位恩師主持，——領導我以哲學做了主科。我對於英國文學與政治學也深有興趣。康乃爾的哲學院是唯心論的重鎮。在其領導之下，我讀了古代近代古典派哲學家比較重要的著作，我也讀過晚近唯心論者如布拉特萊、鮑森模等的作品，但是他們提出的問題從未引起我的興趣。

一九一五年，我往哥倫比亞大學，就學於杜威教授，直至一九一七年我回國之時為止。得著杜威的鼓勵，我著成我的論文《先秦名學史》這篇論文，使我把中國古代哲學著作重讀一遍，並立下我對於中國思想史的一切研究的基礎。

八

我留美的七年間，我有許多課外的活動，影響我的生命和思想，說不定也與我的大學課業一樣。當意氣頹唐的時候，我對於基督教大感興趣，且差不多把《聖經》讀完。一九一一年夏，我出席於在賓雪凡尼亞普柯諾派思司舉行的中國基督教學生會的大會做來賓時，我幾乎打定主意做了基督徒。

但是我漸漸地與基督教脫離，雖則我對於其發達的歷史曾多有習讀，因為有好久時光我是一個信仰無抵抗主義的信徒。耶穌降生前五百年，中國哲學家老子曾傳授過上善若水，水善應萬物而不爭。我早年接收老子的這個教訓，使我大大的愛著「登山寶訓」。

一九一四年，世界大戰爆發，我深為比利時的命運所動，而成了一個確定的無抵抗者。我在康乃爾大同俱樂部住了三年，結交了許多各種國籍的熱心朋友。受著像那士密氏和麥慈那樣唯心的平和論者的影響，我自己也成了一個熱心的平和論者。大學廢軍聯盟因維臘特的提議而成立於一九一五年，我是其創辦人之一。

到後來，各國際政體俱樂部成立，我在那士密氏和安格爾的領導之下，做了一個最活動的會員，且曾參加過其起首兩屆的年會。一九一六年，我以我的論文《國際關係中有代替武力的嗎？》得受國際政體俱樂部的獎金。在這篇論文裡，我闡明依據以法律為有組織的武力建立一個國際聯盟的哲理。

我的平和主義與國際大同主義往往使我陷入十分麻煩的地位。日本由攻擊德國在山東的領土以加入世界大戰時，向世界宣布說，這些領土「終將歸還中國」。我是留美華人中唯一相信這個宣言的人，並以文字辯駁說，日本於其所言，說不定是意在必行的。關於這一層，我為許多同輩的學生所嘲笑。及一九一五年日本提出有名的對華二十一條件，留美學生，人人都贊成立即與日本開戰。我寫了一封公開的信給《中國留美學生月報》，勸告處之以溫和，持之以冷靜。我為這封信受了各方面的嚴厲攻擊，屢被斥為賣國賊。戰爭是因中國接受一部要求而得避免了，但德國在華領土則直至七年之後才交還中國。

我讀易卜生、莫雷（John Morley）和赫胥黎諸氏的著作，教我思考誠實與發言誠實的重要。我讀過易卜生所有的戲劇，特別愛看《人民之敵》（*An Enemy of the People*）、莫雷的《論妥協》（*On Compromise*），先由我的好友威廉思女士介紹給我，她是一直做了左右我生命最重要的精神力量。莫雷曾教我：「一種主義，如果健全的話，是代表一種較大的便宜的。為了一時似是而非的便宜而將其放棄，乃是為小善而犧牲大善。疲弊時代，剝奪高貴的行為和向上的品格，再沒有什麼有這樣拿得定的了。」

赫胥黎還更進一步教授一種理知誠實的方法。他單單是說：「拿也如同可以證明我相信別的東西為合理的那種種證據來，那麼我就相信人的不朽了。向我說類比和或能是說無用的。我說我相信倒轉平方律時，我是知道我意何所指的，我必不把我的生命和希望放在較弱的信證上。」赫胥黎也曾說過：「一個人生命中最神聖的舉動，就是說出並感覺得我相信某項某項是真的。生在世上一切最大的賞，一切最重要的罰，都是系在這個舉動上」。

人生最神聖的責任是努力思想得好，我就是從杜威 (John Dewey) 教授學來的。或思想得不精，或思想而不嚴格的到它的前因後果，接受現成的整塊的概念以為思想的前提，而於不知不覺間受其個人的影響，或多把個人的觀念由造成結果而加以測驗，在理知上都是沒有責任心的。真理的一切最大的發現，歷史上一切最大的災禍，都有賴於此。

杜威給了我們一種思想的哲學，以思想為一種藝術，為一種技術。在《思維術》(*How We Think*) 和《實驗邏輯論文集》(*Essays in Experimental Logic*) 裡面，他製出這項技術。我察中不但於實驗科學上的發明為然，即於歷史科學上最佳的探討，內容的詳定，文字的改造，及高等的批評等也是如此。在這種種境網網域內，曾由同是這個技術而得到最佳的結果。這個技術主體上是具有大膽提出假設，和 (加) 上誠懇留意於制裁與證實。這個實驗的思想技術，堪當創造的智力這個名稱，因其在運用想像機智以尋求證據，做成實驗上，和在自思想有成就的結實所發出滿意的結果上，實實在在是有創造性的。

奇怪之極，這種功利主義的邏輯竟使我變成了一個做歷史探討工作的人。我曾用進化的方法去思想，而這種有進化性思想習慣，就做為我此後在思想史及文學工作上的成功之鑰。尤更奇怪的，這個歷史的思想方法並沒有使我成為一個守舊的人，而時常是進步的人。例如，我在中國對於文學革命的辯論，全是根據無可否認的歷史進化的事實，且一向都非我的對方所能答覆得來的。

九

我母親於一九一八年逝世。她的逝世，就是引導我把我在這廣大世界中摸索了十四年多些的信條第一次列成條文的時機。這個信條繫於一九一九年發表在以《不朽》為題的一篇文章裡面。

因有我在幼童時期讀書得來的學識，我早久就已摒棄了個人死後生存的觀念了。好多年來，我都是以一種「三不朽」的古說為滿意，這種古說我是在《春秋左氏傳》裡面找出來的。傳記裡載賢臣叔孫豹於紀元前五四八年謂有立德、立功、立言三不朽。此三者「雖久不忘，此之謂不朽」。這種學說引動我心有如是之甚，以致我每每向我的外國朋友談起，並給了它一個名字，叫做「三W的不朽主義」。

我母親的逝世使我從新想到這個問題，我就開始覺得三不朽的學說有修正的必要。第一層，其弱點在太過概括一切。在這個世界上，有多少人其在德行功績言語上的成就，其哲理上的智慧能久久不忘的呢？例如哥倫布是可以不朽了，但是他那些別的水手怎樣呢？那些替他造船或供給他用具的人，那許多或由作有勇敢的思考，或由在海洋中作有成無成的探險，替他鋪下道路的前導又怎樣呢？簡括的說，一個人應有多大的成就，才可以得不朽呢？

次一層，這個學說對於人類的行為沒有消極的裁制。美德固是不朽的了，但是惡德又怎樣呢？我們還要再去借重審判日或地獄之火嗎？

我母親的活動從未超出家庭間瑣屑細事之外，但是她的左右力，能清清楚楚的從來弔祭她的男男女女的臉上看得出來。我檢閱我已死的母親的生平，我追憶我父親個人對她畢生左右的力量，及其對我本身垂久的影響，我遂誠信一切事物都是不朽的。我們所做的一切什麼人，我們所幹的一切什麼事，我們所講的一切什麼話，從在世界上某個地方自有其影響這個意義看來，都是不朽的。這個影響又將依次在別個地方有其效果，而此事又將繼續入於無限的空間與時間。

正如列萊布尼茲（Leibniz）有一次所說：「人人都感覺到在宇宙中所經歷的一切，以及那目睹一切的人，可以從經歷其他各處的事物，甚至曾經並將識別現在的事物中，解識出在時間與空間上已被移動的事物。我們是看不見一切的，但一切事物都在那裡，達到無窮境無窮期」。一個人就是他所吃的東西，所以達柯塔的務農者，加利芳尼亞的種果者，以及千百萬別的糧食供給者的工作，都是生活在他的身上。一個人就是他所想的東西，所以凡曾於他有所左右的人——自蘇格拉底（Socrates）、柏拉圖（Plato）、孔子以至於他本區教會的牧師和撫育保母——都是生活在他的身上。一個人也就是他所享樂的東西，所以無數美術家和以技取悅的人，無論現尚生存或久已物故，有名無名，崇高粗俗，都是生活在他的身上。諸如此類，以至於無窮。

一千四百年前，有一個人寫了一篇論「神滅」的文章，被認為褻瀆神聖，有如是之甚，以致其君皇敕七十個大儒來相駁難，竟給其駁倒。但是五百年後，有一位史家把這篇文章在他的偉大的史籍中紀了一個撮要。又過了九百年，然後有一個十一歲的小孩偶然碰到這個三十五個字的簡單撮要，而這三十五個字，於埋沒了一千四百年之後，突然活了起來而生活於他的身上，更由他而生活於幾千幾百個男男女女的身上。

一九一二年，我的母校來了一位英國講師，發表一篇演說：《論中國建立共和的不可能》。他的演講當時我覺得很為不通，但是我以他對於母音「O」的特異的發音方法為有趣，我就坐在那裡摹擬以自娛。他的演說久已忘記了，但是他對於母音「O」的發音方法，這些年來卻總與我不離，說不定現在還在我的成百上千個學生的口上，而從沒有覺察到是由於我對於布蘭特先生 (Mr. J. C. P. Bland) 的惡作劇的模仿，而布蘭特先生也是從不知道的。

兩千五百年前，喜馬拉雅山的一個山峽裡死了一個乞丐。他的屍體在路旁已在腐潰了，來了一個少年王子，看見這個怕人的景象，就從事思考起來。他想到人生及其他一切事物的無常，遂決心脫離家庭，前往曠野中去想出一個自救以救人類的方法。多年後，他從曠野裡出來，做了釋迦佛，而向世界宣布他所找出的拯救的方法。這樣，甚至一個死丐屍體的腐潰，對於創立世界上一個最大的宗教，也曾不知不覺的貢獻了其一部分。

這一個推想的線索引導我信了可以稱為社會不朽的宗教，因為這個推想在大體上全系根據於社會對我的影響，日積月累而成小我，小我對於其本身是些什麼，對於可以稱社會、人類或大自然的那個大我有些什麼施為，都留有一個抹不去的痕跡這番意思。小我是會要死的，但是他還是繼續存活在這個大我身上。這個大我乃是不朽的，他的一切善惡功罪，他的一切言行思想，無論是顯著的或細微的，對的或不對的，有好處或有壞處——樣樣都是生存在其對於大我所產生的影響上。這個大我永遠生存，做了無數小我勝利或失敗的垂久宏大的佐證。

這個社會不朽的概念之所以比中國古代三不朽學說更為滿意，就在於包括英雄聖賢，也包括賤者微者，包括美德，也包括惡德，包括功德，也包括罪孽。就是這項承認善的不朽，也承認惡的不朽，才構成這種學說道德上的許可。一具死屍的腐爛可以創立一個宗教，但也可以為患全個大陸。一個酒店侍女偶發一個議論，可以使一個波斯僧侶豁然大悟，但是一個錯誤的政治或社會改造議論，卻可以引起幾百年的殺人流血。發現一個極微的桿菌，可以福利幾千百萬人，但是一個害癆的人吐出的一小點痰涎，也可以害死大批的人，害死幾世幾代。

人所做的惡事，的確是在他們身後還存在的！就是明白承認行為的結果才構成我們道德責任的意識。小我對於較大的社會的我負有巨大的債項，把他幹的什麼事情，做的什麼思想，做的什麼人物，概行對之負起責任，乃是他的職分。人類之為現在的人類，固是由我們祖先的智行愚行所造而成，但是到我們做完了我們分內時，我們又將由人類將成為怎麼樣而受裁判了。我們要說，「我們之後是大災大厄」嗎？抑或要說，「我們之後是幸福無疆」嗎？

十

一九二三年，我又得了一個時機把我的信條列成更普通的條文。地質學家丁文江氏所著，在我所主編的一個週報上發表，論《科學與人生觀》的一篇文章，開始了一場差不多延持了一個足年的長期論戰。在中國凡有點地位的思想家，全都曾參與其事。到一九二三年終，由某個善經營的出版家把這論戰的文章收集起來，字數竟達二十五萬。我被請為這個集子作序。我的序言給這本已繁重的文集又加了一萬字，而以我所擬議的「新宇宙觀和新人生觀的輪廓」為結論，不過有些含有敵意的基督教會，卻以惡作劇的口吻，稱其為「胡適的新十誡」，我現在為其自有其價值而選擇出來：

（1）根據於天文學和物理學的知識，叫人知道空間的無限之大。

（2）根據於地質學及古生物學的知識，叫人知道時間的無窮之長。

（3）根據於一切科學，叫人知道宇宙及其中萬物的執行變遷皆是自然的，——自己如此的，——正用不著什麼超自然的主宰或造物者。

（4）根據於生物學的科學知識，叫人知道生物界的生存競爭的浪費與慘酷，——因此叫人更可以明白那「有好生之德」的主宰的假設是不能成立的。

（5）根據於生物學、生理學、心理學的知識，叫人知道人不過是動物的一種；他和別種動物只有程式的差異，並無種類的區別。

（6）根據於生物的科學及人類學、人種學、社會學的知識，叫人知道生物及人類社會演進的歷史和演進的原因。

（7）根據於生物的及心理的科學，叫人知道一切心理的現象都是有因的。

（8）根據於生物學及社會學的知識，叫人知道道德禮教是變遷的，而變遷的原因都是可以用科學的方法尋求出來的。

（9）則根據於新的物理化學的知識，叫人知道物質不是死的，是活的；不是靜的，是動的。

（10）根據於生物學及社會學的知識，叫人知道個人——「小我」——是要死滅的，而人類——「大我」——是不死的，不朽的；叫人知道「為全種萬世而生活」就是宗教，就是最高的宗教。而那些替個人謀死後的「天堂」、「淨土」的宗教，乃是自私自利的宗教。

我結論道：「這種新人生觀是建築在二三百年的科學常識之上的一個大假設，我們也許可以給它加上『科學的人生觀』的尊號。但為避免無謂的爭論起見，我主張叫它做『自然主義的人生觀』。

「我們在那個自然的宇宙裡，在那無窮之大的空間裡，在那無窮之長的時間裡，這個平均高五尺六寸，上壽不過百年的兩手動物——人——真是一個藐乎其小的微生物了。在那個自然主義的宇宙裡，天行是有常度的，物變是有自然法則的，因果的大法支配著他——人——的一切生活，生存競爭的慘劇鞭策著他的一切行為，——這個兩手動物的自由真是很有限的了。

「然而那個自然主義的宇宙裡的這個渺小的兩手動物，卻也有他的相當的地位和相當的價值。他用的兩手和一個大腦，居然能做出許多器具，想出許多方法，造成一點文化。他不但馴服了許多禽獸，他還能考究宇宙間的自然法則，利用這些法則來駕馭天行，到現在他居然能叫電氣給他趕車，以太陽給他送信了。

「他的智慧的長進就是他的能力的增加。然而智慧的長進卻又使他的胸襟擴大，想像力提高。他也曾拜物拜畜生，也曾怕神怕鬼，但他現在漸漸地脫離了這種種幼稚的時期，他現在漸漸明白：空間之大只增加他對於宇宙的美感；時間之長只使他格外明瞭祖宗創業之艱難；天行之有常只增加他制裁自然界的能力。

「甚至於因果律之籠罩一切，也並不見得束縛他的自由。因為因果律的作用，一方面使他可以由因求果，由果推因，解釋過去，預測未來；一方面又使他可以運用他的智慧，創造新因，以求新果。甚至於生存競爭的觀念也並不見得就使他成為一個冷酷無情的畜生，也許還可以特別增加他對於同類的同情心，特別使他深信互助的重要，特別使他注重人為的努力，以減免天然競爭的慘酷與浪費。總而言之，這個自然主義的人生觀裡，未嘗沒有美，未嘗沒有詩意，未嘗沒有道德的責任，未嘗沒有充分運用創造的智慧的機會。」

歸國雜感

我在美國動身的時候，有許多朋友對我道：「密司特胡，你和中國別了七個足年了，這七年之中，中國已經革了三次的命，朝代也換了幾個了。真個是一日千里的進步。你回去時，恐怕要不認得那七年前的老大帝國了。」我笑著對他們說道：「列位不用替我擔憂。我們中國正恐怕進步太快，我們留學生回去要不認得他了，所以他走上幾步，又退回幾步。他正在那裡回頭等我們回去認舊相識呢。」

這話並不是戲言，乃是真話。我每每勸人回國時莫存大希望；希望越大，失望越大。所以我自己回國時，並不曾懷什麼大希望。果然船到了橫濱，便聽得張勳復辟的訊息。如今在中國已住了四個月了，所見所聞，果然不出我所料。七年沒見面的中國還是七年前的老相識！到上海的時候，有一天，一位朋友拉我到大舞臺去看戲。我走進去坐了兩點鐘，出來的時候，對我的朋友說道：「這個大舞臺真正是中國的一個絕妙的縮本模型。你看這大舞臺三個字豈不很新？外面的房屋豈不是洋房？這裡面的座位和戲臺上的布景裝潢豈不是西洋新式？但是做戲的人都不過是趙如泉、沈韻秋、萬盞燈、何家聲、何金壽這些人。沒有一個不是二十年前的舊古董！我十三歲到上海的時候，他們已成了老角色了。如今又隔了十三年了，卻還是他們在臺上撐場面。這十三年造出來的新角色都到哪裡去了呢？你再看那臺上做的《舉鼎觀畫》。那祖先堂上的布景，豈不很完備？只是那小薛蛟拿了那老頭兒的書信，就此跨馬加鞭，卻忘記了臺。上布的景是一座祖先堂！又看那出《四進士》。臺上布景，明明有了門了，那宋士傑卻還要做手勢去關那沒有的門；上公堂時，還要跨那沒有的門檻！你看這二十年前的舊古董在二十世紀的大舞臺上做戲；裝上了二十世紀的新布景，卻偏要在那二十年前的舊手腳！這不是一幅絕妙的中國現勢圖嗎？」

我在上海住了十二天，在內地住了一個月，在北京住了兩個月，在路上走了二十天，看了兩件大進步的事：第一件是「三炮臺」的紙菸，居然行到我們徽州去了；第二件是「撲克」牌居然比麻雀牌還要時髦了。「三炮臺」紙菸還不算稀奇，只有那「撲克」牌何以會這樣風行呢？有許多老先生向來學A、B、C、D，是很不行的，如今打起

「撲克」來，也會說「恩德」，「累死」，「接客倭彭」了！這些怪不好記的名詞，何以會這樣容易上口呢？他們學這些名詞這樣容易，何以學正經的A、B、C、D，又那樣蠢呢？我想這裡面很有可以研究的道理。新理想行不到徽州，恐怕是因為新思想沒有「三炮臺」那樣中吃罷？A、B、C、D，容易教，恐怕是因為教的人不得其法罷？

我第一次走過四馬路，就看見了三部教「撲克」的書。我心想「撲克」的書已有這許多了，那別種有用的書，自然更不少了，所以我就花了一天的工夫，專去調查上海的出版界。我是學哲學的，自然先尋哲學的書。不料這幾年來，中國竟可以算得沒有出過一部哲學書。找來找去，找到一部《中國哲學史》，內中王陽明占了四大頁，《洪範》倒占了八頁！還說了些「孔子既受天之命」，「與天地合德」的話。又看見一部《韓非子精華》，刪去了《五蠹》和《顯學》兩篇，竟成了一部《韓非子糟粕》了。文學書內，只有一部王國維的《宋元戲曲史》是很好的。又看見一家書目上有翻譯的莎士比亞劇本，找來一看，原來把會話體的戲劇，都改作了《聊齋志異》體的敘事古文！又看見一部《婦女文學史》，內中蘇蕙的迴文詩足足占了六十頁！又看見《飲冰室叢著》內有《墨學微》一書，我是喜歡看看墨家的書的人，自然心中很高興。不料抽出來一看，原來是任公先生十四年前的舊作，不曾改了一個字！此外只有一部《中國外交史》，可算是一部好書，如今居然到了三版了。這件事還可以使人樂觀。此外那些新出版的小說，看來看去，實在找不出一部可看的小說。有人對我說，如今最風行的是一部《新華春夢記》，這也可以想見中國小說界的程度了。

總而言之，上海的出版界——中國的出版界——這七年來簡直沒有兩三部以上可看的書！不但高等學問的書一部都沒有，就是要找一部輪船上、火車上消遣的書，也找不出！（後來我尋來尋去，只尋得一部吳稚暉先生的《上下古今談》，帶到蕪湖路上去看。）我看了這個怪現狀，真可以放聲大哭。如今的中國人，肚子餓了，還有些施粥的廠把粥給他們吃。只是那些腦子叫餓的人可真沒有東西吃了。難道可以把《九尾龜》、《十尾龜》來充飢嗎？

中文書籍既是如此，我又去調查現在市上最通行的英文書籍。看來看去，都是些什麼莎士比亞的《威尼斯商人》（*The Merchant of Venice*）、《馬克白》（*Macbeth*），艾迪生（Joseph Addison）的《文報選錄》，戈德史密斯（Oliver Goldsmith）的《威克菲的牧師》（*The Vicar of Wakefield*），歐文（Washington Irving）的《見聞雜記》（*A Sketch Book*）……大概都是些十七世紀十八世紀的書。內中有幾部十九世紀的書，也不過是歐文（W. Irving）、狄更斯、司各特（Walter Scott）、麥考利（Macaulay）幾個人的書，都是和現在歐美的新思潮毫無關係的。怪不得我後來問起一位有名的英文教習，竟連蕭伯納（Bernard Shaw）的名字也不曾聽見過，不要說安德烈夫（Andreyev）了。我想這都是現在一班教會學堂出身的英文教習的罪過。這些英文教習，只會用他們先生教過的課本。他們的先生又只會用他們先生的先生教過的課本。所以現在中國學堂所用的英文書籍，大概都是教會先生的太老師或太太老師們教過的課本！怪不得和現在的思想潮流絕無關係了。

有人說，思想是一件事，文字又是一件事，學英文的人何必要讀與現代新思潮有關係的書呢？這話似乎有理，其實不然。我們中國學英文，和英國美國的小孩子學英文，是兩樣的。我們學西洋文字，不單是要認得幾個洋字，會說幾句洋話，我們的目的在於輸入西洋的學術思想，所以我以為中國學校教授西洋文字，應該用一種「一箭射雙鵰」的方法，把「思想」和「文字」同時並教。例如教散文，與其用歐文的《見聞雜記》，或艾迪生的《文報選錄》，不如用赫胥黎的《進化雜論》。又如教戲曲，與其教莎士比亞的《威尼斯商人》，不如用 Bernard Shaw 的 *Androcles and the Lion*（《安德魯克里斯和獅子》）或是 Galsworthy（高爾斯華斯）的 *Strife*（《鬥爭》）或 *Justice*（《正義》）。又如教長篇的文字，與其教麥考利的《約翰生行述》不如教彌爾的《群己權界論》（即穆勒的《論自由》）……我寫到這裡，忽然想起日本東京丸善書店的英文書目。那書目上，凡是英美兩國一年前出版的新書，大概都有。我把這書目和商務書館與伊文思書館的書目一比較，我幾乎要羞死了。

我回中國所見的怪現狀，最普通的是「時間不值錢」。中國人吃了飯沒有事做，不是打麻雀，便是打「撲克」。有的人走上茶館，泡了一碗茶，便是一天了。有的人拿一隻鳥兒到處逛逛，也是一天了。更可笑的是朋友去看朋友，一坐下便生了根了，再也不肯走。有事商議，或是有話談論，倒也罷了。其實並沒有可議的事，可說的話。我有一天在一位朋友處有事，忽然來了兩位客，是□□館的人員。我的朋友走出去會客，我因為事沒有完，便在他房裡等他。我以為這兩位客一定是來商議這□□館中什麼要事的。不料我聽得他們開口道：「□□先生，今回是打津浦火車來的，還是坐輪船來的？」我的朋友說是坐輪船來的。這兩位客接著便說輪船怎樣不便，怎樣遲緩。又從輪船上談到鐵路上，從鐵路上又談到現在中交兩銀行的鈔洋跌價。因此又談到梁任公的財政本領，又談到梁士詒的行蹤去跡……談了一點多鐘，沒有談上一句要緊的話。後來我等的沒法了，只好叫聽差去請我的朋友。那兩位客還不知趣，不肯就走。我不得已，只好跑了，讓我的朋友去領教他們的「二梁優劣論」罷！

美國有一位大賢名富蘭克林（BenJamin Franklin）的，曾說道：「時間乃是造成生命的東西。」時間不值錢，生命仍然也不值錢了。上海那些挑選茶葉的女工，一天挑選到黑，至多不過得二百個錢，少的不過得五六十錢。茶葉店的夥計，一天做十六七點鐘的工，一個月平均只拿得兩三塊錢！還有那些工廠的工人，更不用說了。還有那些更下等，更苦痛的工作，更不用說了。人力那樣不值錢，所以衛生也不講究，醫藥也不講究。我在北京上海看那些小店鋪裡和窮人家裡的種種不衛生，真是一個黑暗世界。至於道路的不潔淨，瘟疫的流行，更不消說了。最可怪的是無論阿貓阿狗都可掛牌醫病，醫死了人，也沒有人怨恨，也沒有人乾涉。人命的不值錢，真可算得到了極端了。

現今的人都說教育可以救種種的弊病。但是依我看來，中國的教育，不但不能救亡，簡直可以亡國。我有十幾年沒到內地去了，這回回去，自然去看看那些學堂。學堂的課程表，看來何嘗不完備？體操也有，圖畫也有，英文也有，那些國文、修身之類，更不用說了。但是學堂的弊病，卻正在這課程完備上。例如我們家鄉的小學堂，經費自然不充足了，卻也要每年花六十塊錢去請一個中學堂學生兼教英文唱歌。又花二十塊錢買一架風琴。我心想，這六十塊一年的英文教習，能教什麼英文？教的英文，在我們山裡的小地方，又有什麼用處？至於那音樂一科，更無道理了。請問那種學堂的音樂，還是可以增進「美感」呢？還是可以增進音樂知識呢？若果然要教音樂，為什麼不去村鄉里找一個會吹笛子唱崑腔的人來教？為什麼一定要用那實在不中聽的二十塊錢的風琴呢？那些窮人的子弟學了音樂回家，能買得起一架風琴來練習他所學的音樂知識嗎？我真是莫名其妙了。所以我在內地常說：「列位辦學堂，盡不必問教育部規程是什麼，須先問這塊地方上最需要的是什麼。譬如我們這裡最需要的是農家常識、蠶桑常識、商業常識、衛生常識，列位卻把修身教科書去教他們做聖賢！又把二十塊錢的風琴去教他們學音樂！又請一位六十塊錢一年的教習教他們的英文！那位自己想想看，這樣的教育，造得出怎麼樣的人才？所以我奉勸列位辦學堂，切莫注重課程的完備，須要注意課程的實用。盡不必去巴結視學員，且去巴結那些小百姓。視學員說這個學堂好，是沒有用的。須要小百姓都肯把他們的子弟送來上學，那才是教育有成效了。」

以上說的是小學堂。至於那些中學校的成績，更可怕了。我遇見一位省立法政學堂的本科學生，談了一會，他忽然問道：「聽說東文是和英文差不多的，這話可真嗎？」我已經大詫異了。後來他聽我說日本人總有些島國習氣，忽然問道：「原來日本也在海島上嗎？」……這個固然是一個極端的例。但是如今中學堂畢業的人才，高又高不得，低又低不得，竟成了一種無能的遊民。這都由於學校裡所教的功課，和社會上的需要毫無關涉。所以學校只管多，教育只管興，社會上的工人、夥計、帳房、警察、兵士、農夫……還只是用沒有受過教育的人。社會所需要的是做事的人才，學堂所造成的是不會做事又不肯做事的人才，這種教育不是亡國的教育嗎？

我說我的「歸國雜感」，提起筆來，便寫三四千字。說的都是些很可以悲觀的話。但是我卻並不是悲觀的人。我以為這二十年來中國並不是完全沒有進步，不過惰性太大，向前三步又退回兩步，所以到如今還是這個樣子。我這回回家尋出了一部葉德輝的《翼教叢編》，讀了一遍，才知道這二十年的中國實在已經有了許多大進步。不到二十年前，那些老先生們，如葉德輝、王益吾之流，出了死力去駁康有為，所以這書叫做《翼教叢編》。我們今日也痛罵康有為。但二十年前的中國，罵康有為太新；二十年後的中國卻罵康有為太舊。如今康有為沒有皇帝可保了，很可以做一部《翼教續編》來罵陳獨秀了。這兩部「翼教」的書的不同之處便是中國二十年來的進步了。

民國七年一月。

介紹我自己的思想

我在這十年之中，出版了三集《胡適文存》，約計有一百四五十萬字。我希望少年學生能讀我的書，故用報紙印刷，要使定價不貴。但現在三集的書價已在七元以上，貧寒的中學生已無力全買了。字數近百五十萬，也不是中學生能全讀的了。所以我現在從這三集裡選出了二十二篇論文，印作一冊，預備給國內的少年朋友們作一種課外讀物。如有學校教師願意選我的文字作課本的，我也希望他們用這個選本。

我選的這二十二篇文字，可以分作五組。

第一組六篇，泛論思想的方法。

第二組三篇，論人生觀。

第三組三篇，論中西文化。

第四組六篇，代表我對於中國文學的見解。

第五組四篇，代表我對於整理國故問題的態度與方法。

為讀者的便利起見，我現在給每一組作一個簡短的提要，使我的少年朋友們容易明白我的思想的路徑。

一

第一組收的文字是：

〈演化論與存疑主義〉

〈杜威先生與中國〉

〈杜威論思想〉

〈問題與主義〉

〈新生活〉

〈新思潮的意義〉

我的思想受兩個人的影響最大：一個是赫胥黎，一個是杜威先生。赫胥黎教我怎樣懷疑，教我不信任一切沒有充分證據的東西。杜威先生教我怎樣思想，教我處處顧到當前的問題，教我把一切學說理想都看作待證的假設，教我處處顧到思想的結果。這兩個人使我明瞭科學方法的性質與功用，故我選前三篇介紹這兩位大師給我的少年朋友們。

從前陳獨秀先生曾說實驗主義和辯證法的唯物史觀是近代兩個最重要的思想方法，他希望這兩種方法能合作一條聯合戰線。這個希望是錯誤的。辯證法出於黑格爾(Hegel)的哲學，是生物進化論成立以前的玄學方法。實驗主義是生物進化論出世以後的科學方法。這兩種方法所以根本不相容，只是因為中間隔了一層達爾文主義。達爾文的生物演化學說給了我們一個大教訓：就是教我們明瞭生物進化，無論是自然的演變，或是人為的選擇，都由於一點一滴的變異，所以是一種很複雜的現象，決沒有一個簡單的目的地可以一步跳到，更不會有一步跳到之後可以一成不變。辯證法的哲學本來也是生物學發達以前的一種進化理論；依他本身的理論，這個一正一反相毀相成的階段應該永遠不斷的呈現。但狹義的共產主義者卻似乎忘了這個原則，所以武斷的虛懸一個共產共有的理想境界，以為可以用階級鬥爭的方法一蹴即到，即到之後又可以用一階級專政方法把持不變。這樣的化複雜為簡單，這樣的根本否定演變的繼續，便是十足的達爾文以前的武斷思想，比那頑固的黑格爾更頑固了。

實驗主義從達爾文主義出發，故只能承認一點一滴的不斷的改進是真實可靠的進化。我在〈問題與主義〉和〈新思潮的意義〉兩篇裡，只發揮這個根本觀念。我認定民國六年以後的新文化運動的目的是再造中國文明，而再造文明的途徑全靠研究一個個的具體問題。我說：

> 文明不是籠統造成的，是一點一滴的造成的，進化不是一晚上籠統進化的，是一點一滴的進化的，現今的人愛談「解放」與「改造」，須知解放不是籠統解放，改造也不是籠統改造。解放是這個那個制度的解放，這種那種思想的解放，這個那個人的解放：都是一點一滴的解放。改造是這個那個制度的改造，這種那種思想的改造，這個那個人的改造：都是一點一滴的改造。
>
> 再造文明的下手工夫是這個那個問題的研究。再造文明的進行是這個那個問題的解決。

我這個主張在當時最不能得各方面的了解。當時（民國八年）承「五四」、「六三」之後，國內正傾向於談主義。我預料到這個趨勢的危險，故發表「多研究些問題，少談些主義」的警告。我說：

凡是有價值的思想，都是從這個那個具體的問題下手的。先研究了問題的種種方面的種種事實，看看究竟病在何處，這是思想的第一步工夫。然後根據於一生的經驗學問，提出種種解決的方法，提出種種醫病的單方，這是思想的第二步工夫。然後用一生的經驗學問，加上想像的能力，推想每一種假定的解決法應該可以有什麼樣的效果，更推想這種效果是否真能解決眼前這個困難問題。推想的結果，挑選定一種假定的「最滿意的」解決，認為我的主張，這是思想的第三步工夫。凡是有價值的主張，都是先經過這三步工夫來的。

我又說：

一切主義，一切學理，都該研究。但只可認作一些假設的「待證的」見解，不可認作天經地義的信條；只可認作參考印證的材料，不可奉為金科玉律的宗教；只可用作啟發心思的工具，切不可用作矇蔽聰明，停止思想的絕對真理。如此方才可以漸漸養成人類的創造的思想力，方才可以漸漸使人類有解決具體問題的能力，方才可以漸漸解放人類對於抽象名詞的迷信。

這些話是民國八年七月寫的。於今已隔了十幾年，當日和我討論的朋友，一個已被殺死了，一個也頹唐了，但這些話字字句句都還可以應用到今日思想界的現狀。十幾年前我所預料的種種危險，——「目的熱」而「方法盲」，迷信抽象名詞，把主義用作矇蔽聰明停止思想的絕對真理，——一一都顯現在眼前了。所以我十分誠懇的把這些老話貢獻給我的少年朋友們，希望他們不可再走錯了思想的路子。

〈新生活〉一篇，本是為一個通俗週報寫的；十幾年來，這篇短文走進了中小學的教科書裡，讀過的人應該在一千萬以上了。但我盼望讀過此文的朋友們把這篇短文放在同組的五篇裡重新讀一遍。赫胥黎教人記得一句「拿證據來！」我現在教人記得一句「為什麼？」少年的朋友們，請仔細想想：你進學校是為什麼？你進一個政黨是為什麼？你努力做革命工作是為什麼？革命是為了什麼而革命，政府是為了什麼而存在？

請大家記得：人同畜生的分別，就在這個「為什麼」上。

二

第二組的文字只有三篇：

〈科學與人生觀〉序

〈不朽〉

〈易卜生主義〉

這三篇代表我的人生觀，代表我的宗教。

〈易卜生主義〉一篇寫的最早，最初的英文稿是民國三年在康乃爾大學哲學會宣讀的，中文稿是民國七年寫的。易卜生最可代表十九世紀歐洲的個人主義的精華，故我這篇文章只寫得一種健全的個人主義的人生觀。這篇文章在民國七八年間所以能有最大的興奮作用和解放作用，也正是因為它所提倡的個人主義在當日確是最新鮮又最需要的一針注射。

娜拉拋棄了家庭丈夫兒女，飄然而去，只因為她覺悟了她自己也是一個人，只因為她感覺到她「無論如何，務必努力做一個人」。這便是易卜生主義。易卜生說：

> 我所最期望於你的是一種真實純粹的為我主義，要使你有時覺得天下只有關於你的事最要緊，其餘的都算不得什麼。……你要想有益於社會，最好的法子莫如把你自己這塊材料鑄造成器。……有的時候我真覺得全世界都像海上撞沉了船，最要緊的還是救出自己。

這便是最健全的個人主義。救出自己的唯一法子便是把你自己這塊材料鑄造成器。把自己鑄造成器，方才可以希望有益於社會。真實的為我，便是最有益的為人。把自己鑄造成了自由獨立的人格，你自然會不知足，不滿意於現狀，敢說老實話，敢攻擊社會上的腐敗情形，做一個「貧賤不能移，富貴不能淫，威武不能屈」的斯鐸曼醫生。斯鐸曼醫生為了說老實話，為了揭穿本地社會的黑幕，遂被全社會的人喊作「國民公敵」。但他不肯避「國民公敵」的惡名，他還要說老實話，他大膽的宣言：

> 世上最強而有力的人就是那最孤立的人！

這也是健全的個人主義的真精神。

這個個人主義的人生觀一面教我們學娜拉，要努力把自己鑄造成個人；一面教我們學斯鐸曼醫生，要特立獨行，敢說老實話，敢向惡勢力作戰。少年的朋友們，不要笑這是十九世紀維多利亞時代的陳腐思想！我們去維多利亞時代還老遠哩。歐洲有了十八九世紀的個人主義，造出了無數愛自由過於麵包，愛真理過於生命的特立獨行之士，方才有今日的文明世界。

現在有人對你們說：「犧牲你們個人的自由，去求國家的自由！」我對你們說：「爭你們個人的自由，便是為國家爭自由！爭你們自己的人格，便是為國家爭人格！自由平等的國家不是一群奴才建造得起來的！」〈科學與人生觀〉序一篇略述民國十二年的中國思想界裡的一場大論戰的背景和內容。（我盼望讀者能參讀《文存》三集裡《幾個反理學的思想家》的吳敬恒一篇，頁一五一——一八六。）在此序的末段，我提出我所謂「自然主義的人生觀」。這不過是一個輪廓，我希望少年的朋友們不要僅僅接受這個輪廓，我希望他們能把這十條都拿到科學教室和實驗室裡去細細證實或否證。

這十條的最後一條是：

根據於生物學及社會學的知識，叫人知道個人——「小我」——是要死滅的，而人類——「大我」——是不死的，不朽的；叫人知道「為全種萬世而生活」就是宗教，就是最高的宗教；而那些替個人謀死後的天堂淨土的宗教乃是自私自利的宗教。

這個意思在這裡說得太簡單了，讀者容易起誤解。所以我把〈不朽〉一篇收在後面，專說明這一點。

我不信靈魂不朽之說，也不信天堂地獄之說，故我說這個小我是會死滅的。死滅是一切生物的普遍現象，不足怕，也不足惜。但個人自有他的不死不滅的部分：他的一切作為，一切功德罪惡，一切語言行事，無論大小，無論善惡，無論是非，都在那大我上留下不能磨滅的結果和影響。他吐一口痰在地上，也許可以毀滅一村一族。他起一個念頭，也許可以引起幾十年的血戰。他也許「一言可以興邦，一言可以喪邦」。善亦不朽，惡亦不朽；功蓋萬世固然不朽，種一擔穀子也可以不朽，喝一杯酒，吐一口痰也可以不朽。古人說，「一出言而不敢忘父母，一舉足而不敢忘父母。」我們應該說，「說一句話而不敢忘這句話的社會影響，走一步路而不敢忘這步路的社會影響。」這才是對於大我負責任。能如此做，便是道德，便是宗教。

這樣說法，並不是推崇社會而抹殺個人。這正是極力抬高個人的重要。個人雖渺小，而他的一言一動都在社會上留下不朽的痕跡，芳不止流百世，臭也不止遺萬年，這不是絕對承認個人的重要嗎？成功不必在我，也許在我千百年後，但沒有我也決不能成功。毒害不必在眼前，「我躬不閱，遑恤我後」！然而我豈能不負這毒害的責任？今日的世界便是我們的祖宗積的德，造的孽。未來的世界全看我們自己積什麼德或造什麼孽。世界的關鍵全在我們手裡，真如古人說的「任重而道遠」，我們豈可錯過這絕好的機會，放下這絕重大的擔子？

有人對你說，「人生如夢。」就算是一場夢罷，可是你只有這一個做夢的機會，豈可不振作一番，做一個痛痛快快轟轟烈烈的夢？

有人對你說，「人生如戲。」就說是做戲罷，可是，吳稚暉先生說的好，「這唱的是義務戲，自己要好看才唱的；誰便無端的自己扮作跑龍套，辛苦的發表，止算作沒有呢？」

其實人生不是夢，也不是戲，是一件最嚴重的事實。你種穀子，便有人充飢；你種樹，便有人砍柴，便有人乘涼；你拆爛汙，更有人遭瘟；你放野火，便有人燒死。你種瓜便得瓜，種豆便得豆，種荊棘便得荊棘。少年的朋友們，你愛種什麼？你能種什麼？

三

第三組的文字，也只有三篇：

〈我們對於西洋近代文明的態度〉

〈漫遊的感想〉

〈請大家來照照鏡子〉

在這三篇裡，我很不客氣的指摘我們的東方文明，很熱烈的頌揚西洋的近代文明。

人們常說東方文明是精神的文明，西方文明是物質的文明，或唯物的文明，這是有誇大狂的妄人捏造出來的謠言，用來遮掩我們的羞臉的。其實一切文明都有物質和精神的兩部分：材料都是物質的，而運用材料的心思才智都是精神的。木頭是物質；而剖木為舟，構木為屋，都靠人的智力，那便是精神的部分。器物越完備複雜，精神的因子越多。一隻蒸汽鍋爐，一輛摩托車，一部有聲電影機器，其中所含的精神因子比我們老祖宗的瓦罐、大車、毛筆多得多了。我們不能坐在舢板船上自誇精神文明，而嘲笑五萬噸大汽船是物質文明。

但物質是倔強的東西，你不征服他，他便要征服你。東方人在過去的時代，也曾製造器物，做出一點利用厚生的文明。但後世的懶惰子孫得過且過，不肯用手用腦去和物質抗爭，並且編出「不以人易天」的懶人哲學，於是不久便被物質戰勝了。天旱了，只會求雨；河決了，只會拜金龍大王；風浪大了，只會禱告觀音菩薩或天后娘娘。荒年了，只好逃荒去；瘟疫來了，只好閉門等死；病上身了，只好求神許願。樹砍完了，只好燒茅草；山都精光了，只好對著嘆氣。這樣又愚又懶的民族，不能征服物質，便完全被壓死在物質環境之下，成了一分像人九分像鬼的不長進民族。所以我說：

> 這樣受物質環境的拘束與支配，不能跳出來，不能運用人的心思智力來改造環境改良現狀的文明，是懶惰不長進的民族的文明，是真正唯物的文明。

反過來看看西洋的文明，

> 這樣充分運用人的聰明智慧來尋求真理以解放人的心靈，來制服天行以供人用，來改造物質的環境，來改革社會政治的制度，來謀人類最大多數的最大幸福，——這樣的文明是精神的文明。

這是我的東西文化論的大旨。

少年的朋友們，現在有一些妄人要煽動你們的誇大狂，天天要你們相信中國的舊文化比任何國高，中國的舊道德比任何國好。還有一些不曾出國門的愚人鼓起喉嚨對你們喊道，「往東走！往東走！西方的這一套把戲是行不通的了！」

我要對你們說：不要上他們的當！不要拿耳朵當眼睛！睜開眼睛看看自己，再看看世界。我們如果還想把這個國家整頓起來，如果還希望這個民族在世界上占一個地位，——只有一條生路，就是我們自己要認錯。我們必須承認我們自己百事不如人，不但物質機械上不如人，不但政治制度不如人，並且道德不如人，知識不如人，文學不如人，音樂不如人，藝術不如人，身體不如人。

肯認錯了，方才肯死心塌地的去學人家。不要怕模仿，因為模仿是創造的必要預備工夫。不要怕喪失我們自己的民族文化，因為絕大多數人的惰性已儘夠保守那舊文化了，用不著你們少年人去擔心。你們的職務在進取，不在保守。

請大家認清我們當前的緊急問題。我們的問題是救國，救這衰病的民族，救這半死的文化。在這件大工作的歷程裡，無論什麼文化，凡可以使我們起死回生，返老還童的，都可以充分採用，都應該充分收受。我們救國建國，正如大匠建屋，只求材料可以應用，不管他來自何方。

四

第四組的文字有六篇：

〈建設的文學革命論〉
〈《嘗試集》自序〉
〈文學進化觀念〉
〈國語的進化〉
〈文學革命運動〉
〈《詞選》自序〉

這裡有一部分是敘述文學革命運動的經過的，有一部分是我自己對於文學的見解。

我在這十幾年的中國文學革命運動上，如果有一點點貢獻，我的貢獻只在：

（1）我指出了「用白話作新文學」的一條路子。

（2）我供給了一種根據於歷史事實的中國文學演變論，使人明瞭白話文是古文的進化，使人明瞭白話文學在中國文學史上占什麼地位。

（3）我發起了白話新詩的嘗試。

這些文字都可以表出我的文學革命論也只是進化論和實驗主義的一種實際應用。

五

第五組的文字有四篇：

〈《國學季刊》發刊宣言〉

〈古史的討論讀後感〉

〈《紅樓夢》考證〉

〈治學的方法與材料〉

這都是關於整理國故的文字。

〈季刊宣言〉是一篇整理國故的方法總論，有三個要點：

第一，用歷史的眼光來擴大研究的範圍。

第二，用系統的整理來部勒研究的數據。

第三，用比較的研究來幫助材料的整理與解釋。

這一篇是一種概論，故未免覺得太懸空一點。以下的兩篇便是兩個具體的例子，都可以說明歷史考證的方法。

〈古史討論〉一篇，在我的《文存》裡要算是最精彩的方法論。這裡面討論了兩個基本方法：一個是用歷史演變的眼光來追求傳說的演變，一個是用嚴格的考據方法來評判史料。

顧頡剛先生在他的《古史辨》的自序裡曾說他從我的〈《水滸傳》考證〉和《井田辨》等文字裡得著歷史方法的暗示。這個方法便是用歷史演化的眼光來追求每一個傳說演變的歷程。我考證《水滸》的故事，包公的傳說，狸貓換太子的故事，井田的制度，都用這個方法。顧先生用這方法來研究中國古史，曾有很好的成績。顧先生說得最好：「我們看史蹟的整理還輕，而看傳說的經歷卻重。凡是一件史事，應看它最先是怎樣，以後逐步逐步地變遷是怎樣。」其實對於紙上的古史蹟，追求其演變的步驟，便是整理它了。

在這篇文字裡，我又略述考證的方法，我說：

我們對於「證據」的態度是：一切史料都是證據。但史家要問：

（1）這種證據是在什麼地方尋出的？

（2）什麼時候尋出的？

（3）什麼人尋出的？

（4）依地方和時候上看起來，這個人有做證人的資格嗎？

（5）這個人雖有證人資格，而他說這句話時有作偽（無心的，或有意的）的可能嗎？

《《紅樓夢》考證》諸篇只是考證方法的一個實例。我說：

我覺得我們做《紅樓夢》的考證，只能在「著者」和「本子」兩個問題上著手；只能運用我們力所能蒐集的材料，參考互證，然後抽出一些比較的最近情理的結論。這是考證學的方法。我在這篇文章裡，處處想撇開一切先入的成見，處處存一個搜求證據的目的，處處尊重證據，讓證據做嚮導，引我到相當的結論上去。

這不過是赫胥黎、杜威的思想方法的實際應用。我的幾十萬字的小說考證，都只是用一些「深切而著明」的實例來教人怎樣思想。

試舉曹雪芹的年代一個問題作個實例。民國十年，我收得了一些證據，得著這些結論：

我們可以斷定曹雪芹死於乾隆三十年左右（約西曆一七六五）。……我們可以猜想雪芹大約生於康熙末葉（約一七一五－一七二〇），當他死時，約五十歲左右。

民國十一年五月，我得著了《四松堂集》的原本，見敦誠挽曹雪芹的詩題下注「甲申」二字，又詩中有「四十年華」的話，故修正我的結論如下：

曹雪芹死在乾隆二十九年甲申（一七六四）……他死時只有「四十年華」，我們可以斷定他的年紀不能在四十五歲以上。假定他死時年四十五歲，他的生時當康熙五十八年（一七一九）。

但到了民國十六年，我又得了脂硯齋評本《石頭記》，其中有「壬午除夕，書未成，芹為淚盡而逝」的話。壬午為乾隆二十七年，除夕當西曆一七六三年二月十二日，和我七年前的斷定（乾隆三十年左右，約西曆一七六五）只差一年多。又假定他活了四十五歲，他的生年大概在康熙五十六年（一七一七），這也和我七年前的猜測正相符合。

考證兩個年代，經過七年的時間，方才得著證實。證實是思想方法的最後又最重要的一步。不曾證實的理論，只可算是假設；證實之後，才是定論，才是真理。我在別處（《文存》三集，頁二七三）說過：

我為什麼要考證《紅樓夢》？

在消極方面，我要教人懷疑王夢阮、徐柳泉一班人的謬說。

在積極方面，我要教人一個思想學問的方法。我要教人疑而後信，考而後信，有充分證據而後信。

我為什麼要替《水滸傳》作五萬字的考證？我為什麼要替廬山一個塔作四千字的考證？

我要教人知道學問是平等的，思想是一貫的。……肯疑問「佛陀耶舍究竟到過廬山沒有」的人，方才肯疑問「夏禹是神是人」。有了不肯放過一個塔的真偽的思想習慣，方才敢疑上帝的有無。

少年的朋友們，莫把這些小說考證看作我教你們讀小說的文字。這些都只是思想學問的方法的一些例子。在這些文字裡，我要讀者學得一點科學精神，一點科學態度，一點科學方法。科學精神在於尋求事實，尋求真理。科學態度在於撇開成見，擱起感情，只認得事實，只跟著證據走。科學方法只是「大膽地假設，小心地求證」十個字。沒有證據，只可懸而不斷，證據不夠，只可假設，不可武斷；必須等到證實之後，方才奉為定論。

少年的朋友們，用這個方法來做學問，可以無大差失；用這種態度來做人處事，可以不至於被人蒙著眼睛牽著鼻子走。

從前禪宗和尚曾說：「菩提達摩東來，只要尋一個不受人惑的人。」我這裡千言萬語，也只是要教人一個不受人惑的方法。被孔丘、朱熹牽著鼻子走，固然不算高明；被馬克思、列寧、史達林牽著鼻子走，也算不得好漢。我自己決不想牽著誰的鼻子走。我只希望盡我的微薄的能力，教我的少年朋友們學一點防身的本領，努力做一個不受人惑的人。

抱著無限的愛和無限的希望，我很誠摯的把這一本小書貢獻給全國的少年朋友！

十九，十一，廿七晨二時，

將離開江南的前一日。

三 人生感悟

新生活——為《新生活》雜誌第一期做的

哪樣的生活可以叫做新生活呢？我想來想去，只有一句話。新生活就是有意思的生活。你聽了，必定要問我，有意思的生活又是什麼樣子的生活呢？我且先說一兩件實在的事情做個樣子，你就明白我的意思了。

前天你沒有事做，閒得不耐煩了，你跑到街上的一個酒店裡，打了四兩白乾，喝完了，又要四兩，再添上四兩。喝得大醉了，同張大哥吵了一回嘴，幾乎打起架來。後來李四哥來把你拉開，你氣憤憤地又要了四兩白乾，喝得人事不知，幸虧李四哥把你扶回去睡了。昨兒早上，你酒醒了，大嫂子把前天的事告訴你，你懊悔得很，自己埋怨自己：「昨兒為什麼要喝那麼多酒呢？可不是糊塗嗎？」

你趕上張大哥家去，作了許多揖，賠了許多不是，自己怪自己糊塗，請張大哥大量包涵。正說時，李四哥也來了，王三哥也來了。他們三缺一，要你陪他們打牌。你坐下來，打了十二圈牌，輸了一百多弔錢。你回得家來，大嫂子怪你不該賭博，你又懊悔得很，自己怪自己道：「是呵，我為什麼要陪他們打牌呢？可不是糊塗嗎？」

諸位，像這樣子的生活，叫做糊塗生活，糊塗生活便是沒有意思的生活。你做完了這種生活，回頭一想，「我為什麼要這樣幹呢？」你自己也回答不出究竟為什麼。

諸位，凡是自己說不出「為什麼這樣做」的事，都是沒有意思的生活。反過來說，凡是自己說得出「為什麼這樣做」的事，都可以說是有意思的生活。

生活的「為什麼」，就是生活的意思。

人同畜生的分別，就在這個「為什麼」上。你到萬牲園裡去看那白熊一天到晚擺來擺去不肯歇，那就是沒有意思的生活。

我們做了人，應該不要學那些畜生的生活。畜生的生活只是糊塗，只是胡混，只是不曉得自己為什麼如此做。一個人做的事應該件件回得出一個「為什麼」。

我為什麼要幹這個？為什麼不幹那個？回答得出，方才可算是一個人的生活。

我們希望中國人都能做這種有意思的新生活。其實這種新生活不會太難，只消時時刻刻問自己為什麼這樣做，為什麼不那樣做，就可以漸漸的做到我們所說的新生活了。

諸位，千萬不要說「為什麼」這三個字是很容易的小事。你打今天起，每做一件事，便問一個為什麼——為什麼不把辮子剪了？為什麼不把大姑娘的小腳放了？為什麼大嫂子臉上搽那麼多的脂粉？為什麼出棺材要用那麼多叫化子？為什麼娶媳婦也要用那麼多叫化子？為什麼罵人要罵他的爹媽？為什麼這個？為什麼那個？你試辦一兩天，你就會覺得這三個字的趣味真是無窮無盡，這三個字的功用也無窮無盡。

諸位，我們恭恭敬敬地請你們來試試這種新生活。

民國八年八月。

請大家來照照鏡子

美國使館的商務參贊安諾德先生製成這三張圖表：第一表是中國人口的分配表，表示中國的人口問題不在過多，而在於分配的太不均勻，在於邊省的太不發達。第二表是中國和美國的經濟狀況、生產能力、工業狀態的比較，處處叫我們照照鏡子，照出我們自己的百不如人。第三表有美國在世界上占的地位，也是給我們做一面鏡子用的，叫我們生一點羨慕，起一點慚愧。

去年他們這幾張圖表送給我看，我便力勸他在中國出版。他答應了之後，又預備了一篇長序，題目叫做〈中國問題裡的幾個根本問題〉。他指出中國今日有三個大問題：

第一，怎樣趕成全國鐵路的幹線，使全國的各部分有一個最經濟的交通機關。

第二，怎樣用教育及種種節省人力、幫助人力的機器，來增加個人生產的能力。

第三，怎樣養成個人對於保管事業的責任心。

這是中國今日的三個根本問題。

安諾德先生的第二表裡有這些事實：

我們的面積比美國大，但鐵道線只抵得人家三十六分之一，摩托車只抵得人家一千分之一，汽車路只抵得人家一百分之一。

我們試睜開眼睛看看中國的地圖。長江以南，沒有一條完成的鐵路幹線。京漢鐵路以西，三分之二以上的疆綢綢域沒有一條鐵路幹線。這樣的國家不成一個現代國家。

前年北京開全國商會聯合會，一位甘肅代表來赴會，路上走了一百〇四天才到北京。這樣的國家不成一個國家。

雲南人要領法國護照，經過安南，方才能到上海。雲南匯一百元到北京，要三百元的匯水！這樣的國家決不成一個國家。

去年胡若愚同龍雲在雲南打仗，打得個你死我活，南京的中央政府有什麼法子？現在楊森同劉湘在四川又打得個你死我活，南京的中央政府又有什麼法子？這樣的國家能做到統一嗎？

所以現在的第一件事是造鐵路。完成粵漢鐵路，完成隴海鐵路，趕築川漢、川滇、寧湘等等幹路，拚命實現孫中山先生十萬里鐵路的夢想，然後可以有統一的可能，然後可以說我們是個國家。

所以第一個大問題是怎樣趕成一副最經濟的交通系統。

安諾德先生的第二表裡又有這點事實：

美國人每人有二十五個機械奴隸。

中國人每人只有大半個機械奴隸。

去年三月分的大西洋月報裡，有個美國工程專家說：

美國人每人有三十個機械奴隸。

中國人每人只有一個機械奴隸。

安諾德先生說：美國人有了這些有形與無形的機械奴隸，便可以增進個人的生產能力；故從實業及經濟的觀點上說，美國一百十兆的人民，便可以有二十五倍至三十倍人口的經濟效能了。

人家早已在海上飛了，我們還在地上爬！人家從巴黎飛到北京，只需六十三點鐘；我們從甘肅到北京，要走一百〇四天（二千五百點鐘）！

一個英國工人每年出十二個先令（六元），他的全家便可以每晚坐在家裡聽無線電傳來的世界最美的音樂，歌唱，演說：每晚上只費銀元一分七釐而已。而我們在上海遇著緊急事，要打一個四等電報到北京，每十個字須費銀元一元八角！還保不住何時能送到！

人家的磚匠上工，可以坐自己的摩托車去了；他的子女上學，可以有公家汽車接送了。我們杭州、蘇州的大官上衙門還得用人作牛馬！

何以有這個大區別呢？因為人家每人有三十個機械奴隸代他做工，幫他做工，而我們卻得全靠赤手空拳，——我們的機械奴隸是一根扁擔挑擔子，四個轎伕換抬的轎子，三個車伕輪租的人力車！

我們的工人是苦力。人家的工人是許多機械奴隸的指揮官。

故第二個大問題是怎樣利用機器來減除人的痛苦，增加人的生產能力，提高人的幸福。

安諾德先生是外國人，所以他對於第三個問題說得很客氣，很委婉。他只說：

保管責任之觀念，在華人中無論如何努力終不能確立其穩定之意義。其故蓋在此偏愛親人一點。而此點又與中國家族制度有密切關係。此弊為狀不一，根深而普遍。欲將家屬之責任與現代團體所負保管的責任之適當關係注入於中國人之腦中，須得千鈞氣力從事之。

這幾句話雖然說得委婉，然而也很能夠使我們慚愧汗下了。

這個問題，其實只是「公私不分」四個字。古話說的，「一子成佛，一家昇天」。古話又說，「一人得道，雞犬登仙」。仙佛尚且如此，何況吃肉的官人？何況公司的經理董事？

幾千年來，大家好像都不曾想想，得道成佛既是那樣很艱難的事，為什麼一人功行圓滿之後，他們全家雞犬也都可以跟著登天？最奇怪的就是今日的新官吏也不能打破這種舊習氣。

最近招商局的一個分局的訟案便是最明顯的例子。據報紙所載，一個家長做了名義上的局長，實際上卻是他的子姪親戚執行他的職務，弄得弊端百出，虧空到幾十萬元。

到了法庭上，這位家長說他竟不知道他是局長！

招商局的全部歷史，節節都是缺乏保管的責任心的好例子。我們翻開《國民政府清查整理招商局委員會報告書》，竟同看《官場現形記》一樣處處都是怪現狀。上冊五十九頁說：

查自壬戌至丙寅最近五年內，歷年虧折總額計有四百三十七萬餘兩。然總滬局每年發給員司酬勞金，五年共計二十四萬五千九百九十四兩。查自癸亥年來，股東未獲得分文息金，乃局中員司獨享此厚酬。

又六十頁說：

修理費總計每年約六七十萬兩……而內河廠（所承辦）實居最多數，約占全額之半。查丙寅年內河廠共計修理費三十一萬四千餘兩……唯內河廠既系該局附屬分枝機關，內部辦事人員當然與該局辦事者關係甚密……曾經本會函調帳籍備查。而該廠忽以帳房失蹤，帳簿遺失呈報。內中情形不問可知矣。

這樣的輕視保管的責任，便是中國的大工業與大商業所以不能發達的大原因。怎樣救濟呢？安諾德先生說：

天下人性同為脆弱。社會與個人之關係愈互相錯綜依賴，則制定種種適當之保衛……愈為急需矣。

人性是不容易改變的，公德也不是一朝一夕造成的。故救濟之道不在乎妄想人心大變，道德日高，乃在乎制定種種防弊的制度。中國有句古話說：「先小人而後君子。」先要承認人性的脆弱，方才可以期望大家做君子。故有公平的考試制度，則用人可以無私；有精密的簿記與審計，則帳目可以無弊。制度的訓練可以養成無私無弊的新習慣。新習慣養成之後，保管的責任心便成了當然的事了。

* * * *

這是安諾德先生提出的三個大問題。

用鐵路與汽車路來做到統一，用教育與機械來提高生產，用防弊制度來打倒貪汙：這才是革命，這才是建設。

但依我看來，要解決這三個大問題，必須先有一番心理的建設。所謂心理的建設，並不僅僅是孫中山先生所謂「知難行易」的學說，只是一種新覺悟，一種新心理。

這種急需的新覺悟就是我們自己要認錯。我們必須承認我們自己百事不如人，不但物質上不如人，不但機械上不如人，並且政治社會道德都不如人。

何以百事不如人呢？

不要盡說是帝國主義者害了我們。那是我們自己欺騙自己的話！我們要睜開眼睛看看日本近六十年的歷史，試想想何以帝國主義的侵略壓不住日本的發憤自強？何以不平等條約捆不住日本的自由發展？

何以我們跌倒了便爬不起來呢？

因為我們從不曾悔過，從不曾徹底痛責自己，從不曾徹底認錯。二、三十年前，居然有點悔悟了，所以有許多譴責小說出來，暴揚我們自己官場的黑暗，社會的卑汙，家庭的冷酷。十餘年來，也還有一些人肯攻擊中國的舊文學，舊思想，舊道德宗教，——肯承認西洋的精神文明遠勝於我們自己。但現在這一點點悔悟的風氣都消滅了。現在中國全部瀰漫著一股誇大狂的空氣：義和團都成了應該崇拜的英雄志士，而西洋文明只需「帝國主義」四個字便可輕輕抹殺！政府下令提倡舊禮教，而新少年高呼「打倒文化侵略」！

我們全不肯認錯。不肯認錯，便事事責人，而不肯責己。我們到今日還迷信口號標語可以打倒帝國主義。我們到今日還迷信不學無術可以統治國家。我們到今日還不肯低頭去學人家治人富國的組織與方法。

所以我說，今日的第一要務是要造一種新的心理：要肯認錯要大徹大悟地承認我們自己百不如人。

第二步便是死心塌地的去學人家。老實說，我們不須怕模仿。「學之為言效也」，這是朱子的老話。學畫的，學琴的，都要跟別人學起；學的純熟了，個性才會出來，天才才會出來。

一個現代國家不是一堆昏庸老朽的頭腦造得成的，也不是口號標語喊得出來的。我們必須學人家怎樣用鐵軌、汽車、電線、飛機、無線電，把血脈貫通，把肢體變活，把國家統一起來。我們必須學人家怎樣用教育來打倒愚昧，用實業來打倒貧窮，用機械來征服自然，抬高人的能力與幸福。我們必須學人家怎樣用種種防弊的制度來經營商業，辦理工業，整理國家政治。

只要我們有決心，這三個大問題都容易解決。譬如粵漢鐵路還缺二百八十英哩，約需六千萬元才造得起。多少年來，我們都說這六千萬那裡去籌。然而國民政府在這一年之中便發了近一萬萬元的公債，不但夠完成粵漢鐵路，還可以造大鐵橋貫通武昌漢口了。

義務教育辦不成，也只因經費沒有。然而今日全國各方面每天至少要用一百萬元的軍費（這是財政部次長的猜想）。一個國家肯用三萬六千萬元一年的軍費，而不能給全國兒童兩年至四年的義務教育，這是不能呢？還是不肯呢？

所以我們應該感謝安諾德先生，感謝他給我們幾面好鏡子，讓我們照見自己的醜態，更感謝他肯對我們說許多老實話，教我們生點愧悔，引起我們一點向上的決心。

我很盼望我們不至於辜負了他這一番友誼的忠言。

一九二八，六，二四夜。

容忍與自由

十七八年前，我最後一次會見我的母校康乃爾大學的史學大師布林先生（George Lincoln Burr）。我們談到英國文學大師阿克頓（Lord John Acton）一生準備要著作一部《自由之史》，沒有完成他就死了。布林先生那天談話很多，有一句話我至今沒有忘記。他說：「我年紀越大，越感覺到容忍（tolerance）比自由更重要。」

布林先生死了十多年了，他這句話我越想越覺得是一句不可磨滅的格言。我自己也有「年紀越大，越覺得容忍比自由更重要」的感想。有時我竟覺得容忍是一切自由的根本：沒有容忍，就沒有自由。

我十七歲的時候（一九〇八）曾在《競業旬報》上發表幾條〈無鬼叢話〉，其中有一條是痛罵小說《西遊記》和《封神榜》的，我說：

〈王制〉有之：「假於鬼神時日卜筮以疑眾，殺。」吾獨怪夫數千年來之排治權者。之以濟世明道自期者，乃懵然不之注意，惑世誣民之學說得以大行，遂舉我神州民族投諸極黑暗之世界！……

這是一個小孩子很不容忍的「衛道」態度。我在那時候已是一個無鬼論者、無神論者，所以發出那種摧除迷信的狂論，要實行〈王制〉（《禮記》的一篇）的「假於鬼神時日卜筮以疑眾，殺」的一條經典！

我在那時候當然沒有夢想到說這話的小孩子在十五年後（一九二三）會很熱心的給《西遊記》作兩萬字的考證！我在那時候當然更沒有想到那個小孩子在二十年後還時時留心搜求可以考證《封神榜》的作者的材料！我在那時候也完全沒有想想〈王制〉那句話的歷史意義。那一段〈王制〉的全文是這樣的：

析言破律，亂名改作，執左道以亂政，殺。作淫聲異服奇技奇器以疑眾，殺。行偽而堅，言偽而辯，學非而博，順非而澤以疑眾，殺。假於鬼神時日卜筮以疑眾，殺。此四誅者，不以聽。

我在五十年前，完全沒有懂得這一段話的「誅」正是中國專制政體之下禁止新思想、新學術、新信仰、新藝術的經典的根據。我在那時候抱著「破除迷信」的熱心，所以擁護那「四誅」之中的第四誅：「假於鬼神時日卜筮以疑眾，殺。」我當時完全沒有夢到第四誅的「假於鬼神……以疑眾」和第一誅的「執左道以亂政」的兩條罪名都可以用來摧殘宗教信仰的自由。我當時也完全沒有注意到鄭玄注裡用了公輸般作「奇技異器」的例子；更沒有注意到孔穎達《正義》裡舉了「孔子為魯司寇七日而誅少正卯」的例子來解釋「行偽而堅，言偽而辯，學非而博，順非而澤以疑眾，殺」。故第二誅可以用來禁絕藝術創作的自由，也可以用來「殺」許多發明「奇技異器」的科學家。故第三誅可以用來摧殘思想的自由，言論的自由，著作出版的自由。

我在五十年前引用〈王制〉第四誅，要「殺」《西遊記》、《封神榜》的作者。那時候我當然沒有想到十年之後我在北京大學教書時就有一些同樣「衛道」的正人君子也想引用〈王制〉的第三誅，要「殺」我和我的朋友們。當年我要「殺」人，後來人要「殺」我，動機是一樣的：都只因為動了一點正義的火氣，就都失掉容忍的度量了。

我自己敘述五十年前主張「假於鬼神時日卜筮以疑眾，殺」的故事，為的是要說明我年紀越大，越覺得「容忍」比「自由」更重要。

我到今天還是一個無神論者，我不信有一個有意志的神，我也不信靈魂不朽的說法。但我的無神論與共產黨的無神論有一點根本的不同。我能夠容忍一切信仰有神的宗教，也能夠容忍一切誠心信仰宗教的人。共產黨自己信仰無神論，就要消滅一切有神的信仰，要禁絕一切信仰有神的宗教，——這就是我五十年前幼稚而又狂妄的不容忍的態度了。

我自己總覺得，這個國家，這個社會，這個世界，絕大多數人是信神的，居然能有這雅量，能容忍我的無神論，能容忍我這個不信神也不信靈魂不滅的人，能容忍我在國內和國外自由發表我的無神論的思想，從沒有人因此用石頭擲我，把我關在監獄裡，或把我捆在柴堆上用火燒死。我在這個世界裡居然享受了四十多年的容忍與自由。我覺得這個國家、這個社會、這個世界對我的容忍度量是可愛的，是可以感激的。

所以我自己總覺得我應該用容忍的態度來報答社會對我的容忍。所以我自己不信神，但我能誠心的諒解一切信神的人，也能誠心的容忍並且敬重一切信仰有神的宗教。

我要用容忍的態度來報答社會對我的容忍，因為我年紀越大，我越覺得容忍的重要意義。若社會沒有這點容忍的氣度，我決不能享受四十多年大膽懷疑的自由，公開主張無神論的自由。在宗教自由史上，在思想自由史上，在政治自由史上，我們都可以看見容忍的態度是最難得，最稀有的態度。人類的習慣總是喜同而惡異的，總不喜歡和自己不同的信仰、思想、行為。這就是不容忍的根源。不容忍只是不能容忍和我自己不同的新思想和新信仰。一個宗教團體總相信自己的宗教信仰是對的，是不會錯的，所以它總相信那些和自己不同的宗教信仰必定是錯的，必定是異端，邪教。一個政治團體總相信自己的政治主張是對的，是不會錯的，所以它總相信那些和自己不同的政治見解必定是錯的，必定是敵人。

一切對異端的迫害，一切對「異己」的摧殘，一切宗教自由的禁止，一切思想言論的被壓迫，都由於這一點深信自己是不會錯的心理。因為深信自己是不會錯的，所以不能容忍任何和自己不同的思想信仰了。

試看歐洲的宗教革新運動的歷史。馬丁路德（Martin Luther）和約翰·喀爾文（John Calvin）等人起來革新宗教，本來是因為他們不滿意於羅馬舊教的種種不容忍，種種不自由。但是新教在中歐北歐勝利之後，新教的領袖們又都漸漸走上了不容忍的路上去，也不容許別人起來批評他們的新教條了。喀爾文在日內瓦掌握了宗教大權，居然會把一個敢獨立思想，敢批評喀爾文的教條的學者賽維特斯（Servetus）定了「異端邪說」的罪名，把他用鐵鏈鎮在木樁上，堆起柴來，慢慢地活燒死。這是一五五三年十月二十三日的事。

這個殉道者賽維特斯的慘史，最值得人們的追念和反省。宗教革新運動原來的目標是要爭取「基督教的人的自由」和「良心的自由」。何以喀爾文和他的信徒們居然會把一位獨立思想的新教徒慢慢地活燒死呢？何以喀爾文的門徒（後來繼任喀爾文為日內瓦的宗教獨裁者）柏時（de Beze）竟會宣言「良心的自由是魔鬼的教條」呢？基本的原因還是那一點深信我自己是「不會錯的」的心理。像喀爾文那樣虔誠的宗教改革家，他自己深信他的良心確是代表上帝的命令，他的口和他的筆確是代表上帝的意志，那末他的意見還會錯嗎？他還有錯誤的可能嗎？在賽維特斯被燒死之後，喀爾文曾受到不少人的批評。一五五四年，喀爾文發表一篇文字為他自己辯護，他毫不遲疑地說：「嚴厲懲治邪說者的權威是無可疑的，因為這就是上帝自己說話。……這工作是為上帝的光榮戰鬥。」

上帝自己說話，還會錯嗎？為上帝的光榮作戰，還會錯嗎？這一點「我不會錯」的心理，就是一切不容忍的根苗。深信我自己的信念沒有錯誤的可能（infallible），我的意見就是「正義」，反對我的人當然都是「邪說」了。我的意見代表上帝的意旨，反對我的人的意見當然都是「魔鬼的教條」了。

這是宗教自由史給我們的教訓：容忍是一切自由的根本；沒有容忍「異己」的雅量，就不會承認「異己」的宗教信仰可以享受自由。但因為不容忍的態度是基於「我的信念不會錯」的心理習慣，所以容忍「異己」是最難得，最不容易養成的雅量。

在政治思想上，在社會問題的討論上，我們同樣地感覺到不容忍是常見的，而容忍總是很稀有的。我試舉一個死了的老朋友的故事作例子。四十多年前，我們在《新青年》雜誌上開始提倡白話文學的運動，我曾從美國寄信給陳獨秀，我說：

此事之是非，非一朝一夕所能定，亦非一二人所能定。甚願國中人士能平心靜氣與吾輩同力研究此問題。討論既熟，是非自明。吾輩已張革命之旗，雖不容退縮，然亦決不敢以吾輩所主張為必是而不容他人之匡正也。

獨秀在《新青年》上答我道：

鄙意容納異議，自由討論，固為學術發達之原則，獨於改良中國文學當以白話為正宗之說，其是非甚明，必不容反對者有討論之餘地；必以吾輩所主張者為絕對之是，而不容他人之匡正也。

我當時看了就覺得這是很武斷的態度。現在在四十多年之後，我還忘不了獨秀這一句話，我還覺得這種「必以吾輩所主張者為絕對之是」的態度是很不容忍的態度，是最容易引起別人的惡感，是最容易引起反對的。

我曾說過，我應該用容忍的態度來報答社會對我的容忍。我現在常常想，我們還得戒律自己：我們著想別人容忍諒解我們的見解，我們必須先養成能夠容忍諒解別人的見解的度量。至少我們應該戒約自己絕不可「以吾輩所主張者為絕對之是」。我們受過實驗主義的訓練的人，本來就不承認有「絕對之是」，更不可以「以吾輩所主張者為絕對之是」。

四八、三、十二晨

四 文學小品

漫遊的感想

一　東西文化的界線

我離了北京，不上幾天到了哈爾濱，在此地我得了一個絕大的發現：我發現了東西文明的交界點。

哈爾濱本是俄國在遠東侵略的一個重要中心。當初俄國人經營哈爾濱的時候，早就預備要把此地闢作一個二百萬居民的大城，所以一切文明裝置，應有盡有；幾十年來，哈爾濱就成了北中國的上海。這是哈爾濱的租界，本地人叫做「道裡」，現在租界收回，改為特別區。

租界的影響，在幾十年中，使附近的一個村莊逐漸發展，也變成了一個繁盛的大城。這是「道外」。

「道裡」現在收歸中國管理了，但俄國人的勢力還是很大的，向來租界時代的許多舊習慣至今還儲存著。其中的一種遺風就是不准用人力車（東洋車）。「道外」的街道上都是人力車。一到了「道裡」，只見電車與汽車，不見一部人力車。道外的東洋車可以拉到道裡，但不准再拉客，只可拉空車回去。我到了哈爾濱，看了道裡與道外的區別，忍不住嘆口氣，自己想道：這不是東方文明與西方文明的交界點嗎？

東西洋文明的界線只是人力車文明與摩托車文明的界線——這是我的一大發現。人力車又叫做東洋車，這真是確切不移。請看世界之上，人力車所至之地，北起哈爾濱，西至四川，南至南洋，東至日本，這不是東方文明的區域嗎？人力車代表的文明就是那用人做牛馬的文明，摩托車代表的文明就是用人的心思才智製作出機械來代替人力的文明。把人作牛馬看待，無論如何，夠不上叫做精神文明。用人的智慧造出機械來，減少人類的苦痛，便利人類的交通，增加人類的幸福，——這種文明卻含有不少的理想主義，含有不少的精神文明的可能性。

我們坐在人力車上，眼看那些圓顱方趾的同胞努起筋肉，彎著背脊梁，流著血汗，替我們做牛做馬，拖我們行遠登高，為的是要賺幾十個銅子去活命養家，——我們當此時候不能不感謝那發明蒸汽機的大聖人，不能不感謝那發明電力的大聖人，不能不祝福那製作汽船汽車的大聖人：感謝他們的心思才智節省了人類多少精力，減除了人類多少苦痛！你們嫌我用「聖人」一個字嗎？孔夫子不說過嗎？「制而用之謂之器。利用出入，民咸用之，謂之神。」孔老先生還嫌「聖」字不夠，他簡直要尊他們為「神」呢！

二　摩托車的文明

去年八月十七日的《倫敦旗幟晚報》（*Evening Standard*）有下列的統計：

全世界的摩托車共二四五九〇〇〇〇輛。

全世界人口平均每七十一人有一輛摩托車。

美國每六人有車一輛。

加拿大與紐西蘭每十二人有車一輛。

澳洲每二十人有車一輛。

今年一月十六日紐約的《國民週報》（*The Nation*）有下列的統計：

全世界摩托車二七五〇〇〇〇〇。

美國摩托車二二三三〇〇〇〇。

美國摩托車數占全世界百分之八十一。

美國人口平均每五人有車一輛。

去年（1926）美國造的摩托車凡四百五十萬輛，出口五十萬輛。

美國的路上，無論是大城裡或鄉間，都是不斷的汽車。《紐約時報》（*The New York Times*）上曾說一個故事：有一個北方人駕著摩托車走過 Miami 的一條大道，他開的速度是每點鐘三十五英哩。後面一個駕著兩輪摩托車的警察趕上來問他為什麼擋住大路。他說，「我開的已是三十五里了。」警察喝道：「開六十里！」

今年三月裡我到費城（Philadelphia）演講，一個朋友請我到鄉間 Haverford 去住一天。我和他同車往鄉間去，到了一處，只見那邊停著一二百輛摩托車。我說：「這裡開汽車賽會嗎？」他用手指道：「那邊不在造房子嗎？這些都是木匠泥水匠坐來做工的汽車。」

這真是一個摩托車的國家！木匠泥水匠坐了汽車去做工，大學教員自己開著汽車去上課，鄉間兒童上學都有公共汽車接送，農家出的雞蛋牛乳每天都自己用汽車送上火車或直送進城。十字街頭，向來總有一兩家酒店的；近年酒禁實行了，十字街頭往往建著汽油的小站。車多了，停車的空場遂成為都市建築的一個大問題。此外還發生了許多連帶的問題，很能使都市因此改觀。例如我到丹佛城（Denver），看見牆上都沒有街道的名字，我很詫異。後來才看見街名都用白漆寫在馬路兩邊的「行道」（Side Walk）的底下，為的是要使夜間汽車燈光容易照著。這一件事便可以看出摩托車在都市經營上的影響了。

摩托車的文明的好處真是一言難盡。汽車公司近年通行「分月付款」的法子，使普通人家都可以購買汽車。據最近統計，去年一年之中美國人買的汽車有三分之二是分月付錢的。這種人家向來是不肯出遠門的。如今有了汽車，旅行便利了，所以每日工作完畢之後，回家帶了家中妻兒，自己開著汽車，到郊外去遊玩；每星期日，可以全家到遠地旅行遊覽。例如舊金山的「金門公園」，遠在海濱，可以縱觀太平洋上的水光島色；每到星期日，四方男女來遊的真是人山人海！這都是摩托車的恩賜。這種遠遊的便利可以增進健康，開闊眼界，增加知識，——這都是我們在轎子文明與人力車文明底下想像不到的幸福。

最大的功效還在人的官能的訓練。人的四肢五官都是要訓練的；不練就不靈巧了，久不練就遲鈍麻木了。中國鄉間的老百姓，看見汽車來了，往往手足失措，不知道怎樣迴避；你盡著嗚嗚地壓著號筒，他們只聽不見；連街上的狗與雞也只是懶洋洋地踱來擺去，不知避開。但是你若把這班老百姓請到上海來，請他們從先施公司走到永安公司去，他們便不能不用耳目手足了。走過大馬路的人，真如《封神傳》上黃天化說的「須要眼觀四處，耳聽八方」。你若眼不明，耳不聽，手足不靈動，必難免危險。這便是摩托車文明的訓練。美國的汽車大概都是個人自己駕駛的。往往一家中，父母子女都會開車。人工貴了，只有頂富的人家可以僱人開車。這種開車的訓練真是「勝讀十年書」！你開著汽車，兩手各有職務，兩腳也各有職務，眼要觀四處，耳要聽八方，還要手足眼耳一時並用，通力合作。你不但要會開車，還要會修車；隨你是什麼大學教授，詩人詩哲，到了半路車壞的時候，也不能不捲起袖管，替機器醫病。什麼書呆子、書踱頭、傻瓜，若受了這種訓練，都不會四體不勤、五官不靈了。你們不常聽見人說大學教授「心不在焉」的笑話嗎？我這回新到美國，有些大學教授如孟祿博士等請我坐他們自己開的車。我總覺得有點慄慄危懼，怕他們開到半路上忽然想起什麼哲學問題或天文學問題來，那才危險呢！但是我經過幾回之後，才覺得這些大學教授已受了摩托車文明的洗禮，把從前的「心不在焉」的呆氣都趕跑了，坐在輪子前便一心在輪子上，手足也靈活了，耳目也聰明了！猗歟休哉！摩托車的教育！

三　一個勞工代表

有些自命「先知」的人常常說：「美國的物質發展終有到頭的一天；到了物質文明破產的時候，社會革命便起來了。」

我可以武斷地說：美國是不會有社會革命的，因為美國天天在社會革命之中。這種革命是漸進的，天天有進步，故天天是革命。如所得稅的實行，不過是十四年來的事，然而現在所得稅已成了國家稅收的一大宗，鉅富的家私有納稅百分之五十以上的。這種「社會化」的現象隨地都可以看見。從前馬克思派的經濟學者說資本愈集中則財產所有權也愈集中，必做到資本全歸極少數人之手的地步。但美國近年的變化卻是資本集中而所有權分散在民眾。一個公司可以有一萬萬的資本，而股票可以由僱員與工人購買，故一萬萬的資本就不妨有一萬人的股東。近年移民進口的限制加嚴，賤工絕跡，故國內薪資天天增長；工人收入既豐，多有積蓄，往往購買股票，逐漸成為小資本家。不但白人如此，黑人的生活也逐漸抬高。紐約城的哈林區，向為白人居住的，十年之中土地房屋全被發財的黑人買去了，遂成了一片五十萬人的黑人區域。人人都可以做有產階級，故階級戰爭的煽動不發生效力。

我且說一件故事。

我在紐約時，有一次被邀去參加一個「兩週討論會」(Fortnightly Forum)。這一次討論的題目是「我們這個時代應該叫什麼時代？」。十八世紀是「理智時代」，十九世紀是「民治時代」，這個時期應該叫什麼?究竟是好是壞?

依這個討論會規矩，這一次請了六位客人作辯論員：一個是俄國克倫斯基革命政府的交通總長；一個是印度人；一個是我；一個是有名的「效率工程師」(Efficiency Engineer)，是一位老女士；一個是紐約有名的牧師（Holmes）；一個是工會代表。

有些人的話是可以預料的。那位印度人一定痛罵這個物質文明的時代；那位俄國交通總長一定痛罵鮑爾雪維克；那位牧師一定是很悲觀的；我一定是很樂觀的；那位女效率專家一定鼓吹她的效率主義。一言表過不提。

單說那位勞工代表 Franey（?）先生。他站起來演說了。他穿著晚餐禮服，挺著雪白的硬襯衫，頭髮蒼白了。他站起來，一手向裡面衣袋抽出了一卷打字的演說稿，一手向外面袋裡摸出眼鏡盒，取出眼鏡戴上。他高聲演說了。他一開口便使我詫異。他說：我們這個時代可以說是人類有史以來最好的最偉大的時代，最可驚嘆的時代。

這是他的主文。以下他一條一條地舉例來證明這個主旨。他先說科學的進步，尤其注重醫學的發明；次說工業的進步；次說美術的新貢獻，特別注重近年的音樂與新建築。最後他敘述社會的進步，列舉資本制裁的成績，勞工待遇的改善，教育的普及，幸福的增加。他在十二分鐘之內描寫世界人類各方面的大進步，證明這個時代是人類有史以來最好的時代。

我聽了他的演說，忍不住對自己說道：這才是真正的社會革命。社會革命的目的就是要做到向來被壓迫的社會分子能站在大庭廣眾之中歌頌他的時代為人類有史以來最好的時代。

四　往西去！

我在莫斯科住了三天，見到一些中國共產黨的朋友，他們很勸我在俄國多考察一些時間。我因為要趕到英國去開會，所以不能久留。那時馮玉祥將軍在莫斯科郊外避暑，我聽說他很崇拜蘇俄，常常繪畫列寧的肖像。我對他的祕書劉伯堅諸君說：我很盼望馮先生從俄國向西去看看。即使不能看美國，至少也應該看看德國。

我的老朋友李大釗先生在被捕之前一兩月曾對北京朋友說：「我們應該寫信給適之，勸他仍舊從俄國回來，不要讓他往西去打美國回來。」但他說這話時，我早已到了美國了。

我希望馮玉祥先生帶了他的朋友往西去看看德國、美國；李大釗先生卻希望我不要往西去。要明白此中的意義，且聽我再說一件有趣味的故事。

我在日本時，同了馬伯援先生去訪問日本最有名的經濟學家福田德三博士。我說：「福田先生，聽說先生最近到歐洲遊歷回來之後，先生的思想主張頗有改變，這話可靠嗎？」

他說：「沒有什麼大的改變。」

我問：「改變的大致是什麼？」

他說：「從前我主張社會政策，這次從歐洲回來之後，我不主張這種妥協的緩和的社會政策了。我現在以為這其間只有兩條路，不是純粹的馬克思派社會主義，就是純粹的資本主義。沒有第三條路。」

我說：「可惜先生到了歐洲不曾走得遠點，索性到美國去看看，也許可以看見第三條路，也未可知。」

福田博士搖頭說：「美國我不敢去，我怕到了美國會把我的學說完全推翻了。」

我說：「先生這話使我頗失望。學者似乎應該尊重事實。若事實可以推翻學說，那麼，我們似乎應該拋棄那學說，另尋更滿意的假設。」

福田博士搖頭說：「我不敢到美國去。我今年五十五了，等到我六十歲時，我的思想定了，不會改變了，那時候我要往美國看看去。」

＊　＊　＊　＊

這一次的談話給了我一個絕大的刺激。世間的大問題絕不是一兩個抽象名詞（如「資本主義」、「共產主義」等等）所能完全包括的。最要緊的是事實。現今許多朋友卻只高談主義，不肯看看事實。孫中山先生曾引外國俗語說：「社會主義有五十七種，不知那一種是真的。」豈但社會主義有五十七種？資本主義還不止五百七十種呢！拿一個「赤」字抹殺掉新運動，那是張作霖吳佩孚的把戲。然而拿一個「資本主義」來抹殺掉一切現代國家，這種眼光究竟比張作霖吳佩孚高明多少？

朋友們，不要笑那位日本學者。他還知道美國有些事實足以動搖他的學說，所以他不敢去。我們之中卻有許多人決不承認世上會有事實足以動搖我們的迷信的。

五　東方人的「精神生活」

我到紐約後的第十天——一月二十一日——《紐約時報》上登出一條很有趣味的新聞：

昨天下午一點鐘，紐吉賽邦（紐澤西）的恩格爾伍德（Englewood, N. J.）的山郎先生住宅面前，圍了許多男男女女、小孩子、小狗，等著要看一位埃及道人（Fakir）名叫哈密的被活埋的奇事。

哈密道人站在那掘好的墳坑的旁邊；微微的雨點灑在他的飄飄的長袍上。他身邊站著兩個同道的助手。

人越來越多了。到了一點一分的時候，哈密道人忽然倒在地下，不省人事了。兩個請來的醫生同了三個報館訪員動手把他的耳朵、鼻子、嘴都用棉花塞好。隨後便有人來把哈密道人抬下墳坑，放在坑裡的內穴裡。他臉上撒了一薄層的沙。內穴上面用木板蓋好。

內穴上面還有三尺深的空坑，他們也用泥土填滿了。填滿了後，活埋的工作算完了。

到場的許多人都走進山郎先生的家裡去吃點心。山郎夫人未嫁之前就是那位綽號「千眼姑娘」的李麻小姐。她在那邊招待來賓，大家談著「人生無涯」一類的問題，靜候那活埋道人的復活。

一點鐘過去了。……一點半過去了。……兩點鐘過去了。……

到了下午四點，三個愛爾蘭的工人動手把墳掘開。三個黑種工人站在旁邊陪著，——也許是給那三個白種同伴鎮壓邪鬼罷。

四點鐘敲過不久，哈密道人扶起來了。扶到了空氣裡，他便顫動了，漸漸活過來了。他低低地喊了一聲「胡帝尼」，微微一笑，他回生了。

他未埋之先，醫生驗過他的脈跳是七十二，呼吸是十八。復活之後，脈跳與呼吸仍是七十二與十八。他在坑裡足足埋了兩點五十二分。

這回的安排布置全是勞氏公司（Loew's）的杜納先生辦理的。杜納先生說，本想同這位埃及道人訂一個「雜耍戲」的契約，不過還得考慮一會，因為看戲的人等不得三個鐘頭就都會跑光了。

哈密道人卻很得意，他說他還可以活埋三天咧。

* * * *

美國是個有錢的地方，世界各國的奇奇怪怪的宗教掮客都趕到這裡來招攬信徒，炫賣花樣。前一年，有個埃及道人名叫拉曼（Rahman）的，自稱能收斂心神，停止呼吸。他當大眾試驗，閉在鐵棺內，沉在赫貞河（Hudson River）裡，過一點鐘之久。當時美國有大幻術家胡帝尼（Harry Houdini）研究此事，說這不是停止呼吸，乃是一種「淺呼吸」，是可以操練出來的。胡帝尼自己練習，到了去年夏間，他也公開試驗：睡在鐵棺裡，叫人沉在紐約謝爾敦大旅館的水池裡，過了一點半鐘，方才撈起來。開棺之後，依然復生，不過脈跳增加至一百四十二跳而已。胡帝尼的成績比拉曼加長半點鐘，頗能使人明白這種把戲不過是一種技術上的訓練，並沒有什麼精神作用。

胡帝尼死後，這班東方道人還不服氣，所以有今年一月二十日哈密道人的公開試驗。哈密的成績又比胡帝尼加長了八十二分鐘，應該夠得上和勒烏公司訂六個月的「雜耍戲」的契約了，然而杜納先生又嫌活埋三點鐘太乾燥無味了，怕不能號召看戲的群眾！可惜，可惜！大概哈密先生和他的道友們後來仍舊回到東方去繼續他們的「內心生活」了罷。

胡帝尼的試驗的精神是很可佩服的。其實即使這班東方道人真能活埋三點鐘以至三天，完全停止呼吸，這又算得什麼精神生活？這裡面那有什麼「精神的分子」？泥裡的蚯蚓，以至一切冬天蟄伏的爬蟲，不是都能這樣嗎？

六　麻將

前幾年，麻將牌忽然行到海外，成為出口貨的一宗。歐洲與美洲的社會裡，很有許多人學打麻將的；後來日本也傳染到了。有一個時期，麻將竟成了西洋社會裡最時髦的一種遊戲：俱樂部裡差不多桌桌都是麻將，書店裡出了許多種研究麻將的小冊子，中國留學生沒有錢的可以靠教麻將吃飯賺錢。歐美人竟發了麻將狂熱了。

誰也夢想不到東方文明征服西洋的先鋒隊卻是那一百三十六個麻將軍！

這回我從西伯利亞到歐洲，從歐洲到美洲，從美洲到日本，十個月之中，只有一次在日本京都的一個俱樂部裡看見有人打麻將。在歐美簡直看不見麻將了。我曾問過歐洲和美國的朋友，他們說，「婦女俱樂部裡，偶然還可以看見一桌兩桌打麻將的，但那是很少的事了。」我在美國人家裡，也常看見麻將牌盒子——雕刻裝潢很精緻的——陳列在室內，有時一家竟有兩三副的。但從不見主人主婦談起麻將；他們從不向我這位麻將國的代表請教此中的玄妙！麻將在西洋已成了架上的古玩了；麻將的狂熱已退涼了。

我問一個美國朋友，為什麼麻將的狂熱過去的這樣快？他說：「女太太們喜歡麻將，男子們卻很反對，終於是男子們戰勝了。」

這是我們意想得到的。西洋的勞動奮鬥的民族絕不會做麻將的信徒，絕不會受麻將的征服。麻將只是我們這種好閒愛蕩、不愛惜光陰的「精神文明」的中華民族的專利品。

當明朝晚年，民間盛行一種紙牌，名為「馬吊」。馬吊只有四十張牌。有一文至九文，一千至九千，一萬至九萬等，等於麻將牌的筒子、索子、萬子。還有一張「零」，即是「白板」的祖宗。還有一張「千萬」，即是徽州紙牌的「千萬」。馬吊牌上每張上畫有《水滸傳》的人物。徽州紙牌上的「王英」即是矮腳虎王英的遺蹟。乾隆嘉慶間人汪師韓的全集裡收有幾種明人的馬吊牌。（在《叢睦汪氏叢書》內。）

馬吊在當日風行一時，士大夫整日整夜的打馬吊，把正事都荒廢了。所以明亡之後，吳梅村作《綏寇紀略》說，明之亡是亡於馬吊。

三百年來，四十張的馬吊逐漸演變，變成每樣五張的紙牌，近七八十年中又變為每樣四張的麻將牌。（馬吊三人對一人，故名「馬吊牌」，省稱「馬吊」；「麻將」為「麻雀」的音變，「麻雀」為「馬腳」的音變。）越變越繁複巧妙了，所以更能迷惑人心，使國中的男男女女，無論富貴貧賤，不分日夜寒暑，把精力和光陰葬送在這一百三十六張牌上。

英國的「國戲」是Cricket，美國的國戲是Baseball，日本的國戲是角抵。中國呢？中國的國戲是麻將。

麻將平均每四圈費時約兩點鐘。少說一點，全國每日只有一百萬桌麻將，每桌只打八圈，就得費四百萬點鐘，就是損失十六萬七千日的光陰，金錢的輸贏，精力的消磨，都還在外。

我們走遍世界，可曾看見哪一個長進的民族，文明的國家，肯這樣荒時廢業的嗎？一個留學日本朋友對我說：「日本人的勤苦真不可及！到了晚上，登高一望，家家板屋裡都是燈光；燈光之下，不是少年人跪著讀書，便是老年人跪著翻書，或是老婦人跪著做活計。到了天明，滿街上，滿電車上都是上學去的兒童。單隻這一點勤苦就可以征服我們了。」其實何止日本？凡是長進的民族都是這樣的。只有我們這種不長進的民族以「閒」為幸福，以「消閒」為急務，男人以打麻將為消閒，女人以打麻將為家常，老太婆以打麻將為下半生的大事業！

從前的革新家說中國有三害：鴉片、八股、小腳。鴉片雖然沒禁絕，總算是犯法的了。雖然還有做「洋八股」與更時髦的「黨八股」的，但八股的四書文是過去的了。小腳也差不多沒有了。只有這第四害，麻將，還是日興月盛，沒有一點衰竭的樣子，沒有人說它是可以亡國的大害。最近麻將先生居然大搖大擺地跑到西洋去招搖一次，幾乎做了鴉片與楊梅瘡的還敬禮物。但如今他仍舊縮回來了，仍舊回來做東方精神文明的國家的國粹、國戲！

後記

「漫遊的感理」本不止這六條，我預備寫四五十條，作成一本遊記。但我當時正在趕寫《白話文學史》，忙不過來，便把遊記擱下來了。現在我把這六條儲存在這裡，因為遊記專書大概是寫不成的了。

十九，三，十。

差不多先生傳

你知道中國最有名的人是誰？

提起此人，人人皆曉，處處聞名。他姓差，名不多，是各省各縣各村人氏。你一定見過他，一定聽過別人談起他。差不多先生的名字天天掛在大家的口頭，因為他是中國全國人的代表。

差不多先生的相貌和你和我都差不多。他有一雙眼睛，但看的不很清楚；有兩隻耳朵，但聽得不很分明；有鼻子和嘴，但他對於氣味和口味都不很講究。他的腦子也不小，但他的記性卻不很精明，他的思想也不很細密。他常常說：「凡事只要差不多，就好了。何必太精明呢？」

他小的時候，他媽叫他去買紅糖，他買了白糖回來。他媽罵他，他搖搖頭說：「紅糖白糖不是差不多嗎？」

他在學堂的時候，先生問他：「直隸省的西邊是哪一省？」他說是陝西。先生說：「錯了。是山西，不是陝西。」他說：「陝西同山西，不是差不多嗎？」

後來他在一個錢鋪裡做夥計；他也會寫，也會算，只是總不會精細。十字常常寫成千字，千字常常寫成十字。掌櫃的生氣了，常常罵他。他只是笑嘻嘻地賠小心道：「千字比十字只多一小撇，不是差不多嗎？」

有一天，他為了一件要緊的事，要搭火車到上海去。他從從容容地走到火車站，遲了兩分鐘，火車已開走了。他白瞪著眼，望著遠遠的火車上的煤煙，搖搖頭道：「只好明天再走了，今天走同明天走，也還差不多。可是火車公司未免太認真了。八點三十分開，同八點三十二分開，不是差不多嗎？」他一面說，一面慢慢地走回家，心裡總不明白為什麼火車不肯等他兩分鐘。

有一天，他忽然得了急病，趕快叫家人去請東街的汪醫生。那家人急急忙忙地跑去，一時尋不著東街的汪大夫，卻把西街牛醫王大夫請來了。差不多先生病在床上，知道尋錯了人；但病急了，身上痛苦，心裡焦急，等不得了，心裡想道：「好在王大夫同汪大夫也差不多，讓他試試看罷。」於是這位牛醫王大夫走近床前，用醫牛的法子給差不多先生治病。不上一點鐘，差不多先生就一命嗚呼了。

差不多先生差不多要死的時候，一口氣斷斷續續地說道：「活人同死人也差……差……差不多，凡事只要……差……差……不多……就……好了，何……何……必……太……太認真呢？」他說完了這句格言，方才絕氣了。

他死後，大家都很稱讚差不多先生樣樣事情看得破，想得通；大家都說他一生不肯認真，不肯算帳，不肯計較，真是一位有德行的人。於是大家給他取個死後的法號，叫他做圓通大師。

他的名譽越傳越遠，越久越大。無數無數的人都學他的榜樣。於是人人都成了一個差不多先生。——然而中國從此就成為一個懶人國了。

廬山遊記（節選）

昨夜大雨，終夜聽見松濤聲與雨聲，初不能分別，聽久了才分得出有雨時的松濤與雨止時的松濤，聲勢皆很夠震動人心，使我終夜睡眠甚少。

早起雨已止了，我們就出發。從海會寺到白鹿洞的路上，樹木很多，雨後青翠可愛。滿山滿谷都是杜鵑花，有兩種顏色，紅的和輕紫的，後者更鮮豔可喜。去年過日本時，櫻花已過，正值杜鵑花盛開，顏色種類很多，但多在公園及私人家宅中見之，不如今日滿山滿谷的氣象更可愛。因作絕句記之：

長松鼓吹尋常事，最喜山花滿眼開。嫩紫鮮紅都可愛，此行應為杜鵑來。

到白鹿洞。書院舊址前清時用作江西高等農業學校，添有校舍，建築簡陋潦草，真不成個樣子。農校已遷去，現設習林事務所。附近大松樹都釘有木片，寫明儲存古松第幾號。此地建築雖極不堪，然洞外風景尚好。有小溪，淺水急流，錚淙可聽；溪名貫道溪，上有石橋，即貫道橋，皆朱子起的名字。橋上望見洞後諸松中一鬆有紫藤花直上到樹杪，藤花正盛開，豔麗可喜。白鹿洞本無洞；正德中，南康守王溱開後山作洞，知府何浴鑿石鹿置洞中。這兩人真是大笨伯！

白鹿洞在歷史上占一個特殊地位，有兩個原因。第一，因為白鹿洞書院是最早的一個書院。南唐升元中（九三七—九四二）建為廬山國學，置田聚徒，以李善道為洞主。宋初因置為書院，與睢陽、石鼓、嶽麓三書院並稱為「四大書院」，為書院的四個祖宗。第二，因為朱子重建白鹿洞書院，明定學規，遂成後世幾百年「講學式」的書院的規模。宋末以至清初的書院皆屬於這一種。到乾隆以後，樸學之風氣已成，方才有一種新式的書院起來；阮元所創的沽經精舍、學海堂，可算是這種新式書院的代表。南宋的書院祀北宋周邵和諸先生；元明的書院祀程朱；晚明的書院多祀陽明；王學衰後，書院多祀程朱。乾嘉以後的書院乃不祀理學家而改祀許慎鄭玄等。所祀的不同便是這兩大派書院的根本不同。

朱子立白鹿洞書院在淳熙己亥（一一七八），他極看重此事，曾札上丞相說：

願得比祠官例，為白鹿洞主，假之稍廩，使得終與諸生講習其中，猶愈於崇奉異教香火，無事而食也。（《廬山志》八，頁二，引《洞志》。）

他明明指斥宋代為道教宮觀設祀官的制度，想從白鹿洞開一個儒門創例來抵制道教。他後來奏對孝宗，申說請賜書院額，並賜書的事，說：

今老佛之宮布滿天下，大都逾百，小邑亦不下數十，而公私增益勢猶未已。至於學校，則一郡一邑僅置一區，附廓之縣又不復有。盛衰多寡相懸如此！（同上，頁三。）

這都可見他當日的用心。他定的《白鹿洞規》，簡要明白，遂成為後世七百年的教育宗旨。

廬山有三處史蹟代表三大趨勢：（一）慧遠的東林，代表中國「佛教化」與佛教「中國化」的大趨勢。（二）白鹿洞，代表中國近世七百年的宋學大趨勢。（三）牯嶺，代表西方文化侵入中國的大趨勢。

從白鹿洞到萬杉寺。古為慶雲庵，為「律」居，宋景德中有大超和尚手種杉樹萬株，天聖中賜名萬杉。後禪學盛行，遂成「禪寺」。南宋張孝祥有詩云：

老幹參天一萬株，廬山佳處浮著圖。
只因買斷山中景，破費神龍百斛珠。

（《志》五，頁六十四，引《程史》。）

今所見杉樹，粗又如瘦碗，皆近年種的。有幾株大樟樹，其一為「五爪樟」，大概有三四百年的生命了；《指南》（編者按指《廬山指南》）說「皆宋時物」，似無據。

從萬杉寺西行約二三里，到秀峰寺。吳氏舊《志》無秀峰寺，只有開光寺。毛德琦《廬山新志》（康熙五十九年成書。我在海會寺買得一部，有同治十年，宣統二年，民國四年補版。我的日記內注的卷頁數，皆指此書。）說：

康熙丁亥（一七〇七）寺僧超淵往淮迎駕，御書秀峰寺賜額，改今名。明光寺起於南唐中主李璟。李主年少好文學，讀書於廬山；後來先主代楊氏而建國，李璟為世子，遂嗣位。他想念廬山書堂，遂於其地立寺，因有開國之祥，故名開先寺，以紹宗和尚主之。宋初賜名開先華藏；後有善暹，為禪門大師，有眾數百人。至行瑛，有治事才，黃山谷稱「其材器能立事，任人役物如轉石於千仞之溪，無不如意。」行瑛發願重新此寺。開先之屋無慮四百楹，成於瑛世者十之六，窮壯極麗，迄九年。乃即功。（黃庭堅

《開先禪院修造記》，《志》五，頁十六至十八。）此是開先極盛時，康熙間改名時，皇帝賜額，賜御書《心經》，其時「世之人無不知有秀峰」（郎廷極《秀峰寺記》，《志》五，頁六至七。）其時也可稱是盛世。到了今日，當時所謂「窮壯極麗」的規模只剩敗屋十幾間，其餘只是頹垣廢址了。讀書檯上有康熙帝臨米芾書碑，尚完好；其下有石刻黃山谷書《七佛偈》，及王陽明正德庚辰（一五二〇）三月《紀功題名碑》，皆略有損壞。

寺中雖頹廢令人感嘆，然寺外風景則絕佳，為山南諸處的最好風景。寺址在鶴鳴峰下，其西為龜背峰，又西為黃石巖，又西為雙劍峰，又西南為香爐峰，都嵌奇可喜。鶴鳴與龜背之間有馬尾泉瀑布，雙劍之左有瀑布水；兩個爆泉遙遙相對，平行齊下，下流入壑，匯合為一水，進出山峽中，遂成最著名的青玉峽奇景。水流出峽，入於龍潭。崑山與祖望先到青玉峽，徘徊不肯去，叫人來催我們去看。我同夢旦到了那邊，也徘徊不肯離去。峽上石刻甚多。有米芾書「第一山」大字，今鉤摹作寺門題榜。

徐凝詩「今古長如白練飛，一條界破青山色」，即是詠瀑布的。李白〈瀑布泉〉詩也是指此瀑。舊《志》載瀑布水的詩甚多，但總沒有能使人滿意的。

由秀峰往西約十二里，到歸宗寺。我們在此午餐，時已下午三點多鐘，餓得不得了。歸宗寺為廬山大寺，也很衰落了。我向寺中借得《歸宗寺志》四卷，是民國甲寅先勤本坤重修的，用活字排印，錯誤不少，然可供我的參考。

我們吃了飯，往遊溫泉。溫泉在柴桑橋附近，離歸宗寺五六里，在一田溝裡。雨後溝水渾濁，微見有兩處起水泡，即是溫泉。我們下手去試探，一處頗熱，一處稍減。向農家買得三個雞蛋，放在兩處，七八分鐘，因天下雨了，取出雞蛋，內裡已溫而未熟。田壟間有新碑，我去看，乃是星子縣的告示，署民國十五年，中說，接康南海先生函述在此買田十畝，立界碑為記的事。康先生去年死了。他若不死，也許能在此建立一所浴室。他買的地橫跨溫泉的兩岸。今地為康氏私產，而業歸海會寺管理，那班和尚未必有此見識做此事了。

此地離栗里不遠，但雨已來了，我們要趕回歸宗，不能去尋訪陶淵明的故里了。道上見一石碑，有「柴桑橋」大字。舊《志》已說「淵明故居，今不知處」。（四，頁七。）桑喬疏說，去柴桑橋一里許有淵明的醉石。（四，頁六。）舊《志》又說，醉石谷中有五柳館，歸去來館。歸去來館是朱子建的，即在醉石之側，朱子為手書顏真卿〈醉石詩〉，並作長跋，皆刻石上，其年月為淳熙辛丑（一一八一）七月。（四，頁八。）此二館今皆不存，醉石也不知去向了。莊百俞先生《廬山遊記》說他曾訪醉石，鄉人皆不知。記之以告後來的遊者。

今早轎上讀舊《志》所載周必大《廬山後錄》，其中說他訪栗里，求醉石，土人直雲，「此去有陶公祠，無栗里也。」（十四，頁十八。）南宋時已如此，我們在七百年後更不易尋此地了，不如闕疑為上。《後錄》有云：

嘗記前人題詩云：

五字高吟酒一瓢，盧山千古想風標。
至今門外青青柳，不為東風肯折腰。

惜乎不記其姓名。

我讀此詩，忽起一感想：陶淵明不肯折腰，為什麼卻愛那最會折腰的柳樹？今日從溫泉回來，戲用此意作一首詩：

陶淵明同他的五柳

當年有個陶淵明，不惜性命只貪酒。骨硬不能深折腰，棄官回來空兩手。
甕中無米琴無弦，老妻嬌兒赤腳走。

先生吟詩自嘲諷，笑指籬邊五株柳。
「看他風裡盡低昂！這樣腰肢我無有。」
晚上在歸宗寺過夜。

中國愛國女傑王昭君傳

列位看我寫這篇傳記，一定要奇怪，說這「王昭君」三字，怎麼能和這「愛國女傑」四字合在一呢？那王昭君不是漢朝一個失寵的宮女麼？不是受畫工毛延壽的害，不中元帝之意，被元帝派去和番的麼？這個人怎麼算得愛國的女豪傑呢？列位這種疑心並沒有錯，不過列位都被那古時做書的人欺騙了幾千年，所以如今還說這種話，簡直把這位愛國女傑王昭君，受了二千年的冤枉，埋沒到如今。我如今既然找得真憑實據，可以證明這位王昭君確是一位愛國女豪來，斷不敢不來表彰一番，使大家來崇拜。這便是在下做這篇昭君傳的原因了。

我且先說那舊說。那舊說道，王昭君是漢元帝時候一個官人。那是元帝的後宮，人太多了，一時不能看遍。遂召許多畫工，把那些官人的容貌，都畫成一冊，好照著那冊子上的面貌，按圖召見。便有那許多宮人，容貌中常的，便在那畫工面前行了賄賂，有送十萬錢的，也有送五萬錢的。只有王昭君不屑做這些苟且無恥的事，那畫工不能得錢，便把昭君的容貌畫成醜相。後來匈奴（匈奴是漢朝北方一種外族人的種名，時常來找中國）的單于來朝（單于是匈奴國王的稱呼，和中國稱王一般），向皇帝求一個美女。元帝翻那畫冊，只見王昭君的面貌最醜，便許了匈奴，把昭君賜他。到了次日，元帝便召昭君來見，不料竟是一個絕色美人，竟是宮中第一等的美人，一切應對舉止，沒有一件不好的。元帝心中可惜得了不得。但是既許了匈奴，不便失信於外夷，只得把昭君賜了匈奴。後來元帝心中越想越可惜，便把那些畫工都抓來殺了。

以上說的，都是從前說王昭君的話頭。你想那些畫工竟敢在皇帝宮中做起買賣來了，膽子也算大極了。況且元帝既見之後，又何嘗不可把別人來代替他？所以這種話都是靠不住的。我如今所引證的，也是從古書上來的，並不是無稽之談。列位且聽我道來。

王昭君，名嬙，是蜀郡秭歸人氏。他父親叫王襄，所生只有昭君一女。昭君自幼便和平常女兒家不同，一切舉動都合禮法。長成的時候，生得秀外慧中，絕代丰姿，真個宋玉說的「增一分則太長，減一分則太短，著粉則太白，施朱則太赤」。再加上幽嫻貞靜，所以不到十七歲，便早已通國聞名的了。及笄以後，那些世家王孫來求婚的，真個不知其數。他父親總不肯許。恰巧那時元帝選良家女子入宮，王襄聽了這個訊息，便來與女兒說知，想要把昭君送進宮去。王昭君聽了這話，心中自己估量，自思自己的父親只生一女，古語道得好，「生女不生男，緩急非所益」，父母生我一場，難道親恩未報，就此罷了不成？如今不如趁這機會，進得宮去，或者得了天子恩寵，得為昭儀或是婕好，那時可不是連我的父母祖宗都有了光榮，也不枉父母生我一場。主意已定，便極力贊成王襄的說話。王襄見女兒情願，便把昭君獻入宮去，看官要曉得，這原是昭君一片孝心，想做那光耀門楣的女兒。那裡曉得皇帝的深宮，是一個最悽慘最可憐的地方，古來許多詩人做的許多宮怨的詩詞，已是寫得窮形盡致了。更有那《紅樓夢》上說的，有一位賈元妃，對他父親說：「當日送我到那不見人的去處」，你看這十二個字，寫得多少悽愴嗚咽，人尚且不能見，什麼生人的樂趣，更不用說自然是沒有的了。那宮中幾千宮女，個個抬起頭來，望著皇帝來臨，甚至於有用竹葉插門，鹽水灑地，來引皇帝的羊車的。其實好好一個人，到了這種地方，除了卑鄙齷齪苟且逢迎之外，那裡還想得天子的顧盼。唉，這種卑鄙汙下的行為，豈是我們這位愛國女傑王昭君做得到的麼？昭君到了這個地方，看了這種行為，心想自己容貌雖好，品行雖好，終究不能得天子的寵遇，休說寵遇，簡直連天子的顏色都不大望得見了。要是照這樣下去，還不是到頭做一個白髮宮人麼？昭君想到這裡，自然要蛾眉緊蹙，珠淚常垂的了。

看官要記清，上面所說的，都是王昭君入宮的歷史。如今要說那王昭君愛國的歷史了，看官須曉得，漢朝一代，最大的邊患便是那匈奴，從漢高祖以來，常常入寇中國，弄得中國邊境年年出兵，民不聊生。宣帝的時候，匈奴內亂，自相爭殺，遂抽成兩國，一邊是呼韓邪單于，一邊是郅支單于。後來漢朝幫助呼韓邪，攻殺郅支，呼韓邪單于大喜，遂來中國，入朝朝覲。那時正是漢元帝竟寧元年。那時便是王昭君立功的時代了。

那時呼韓邪來朝，先謝皇帝復國的恩典，便說：「小臣得天子威靈，得有今日，從此以後，斷不敢再萌異心。如今想求皇帝賜一個中國女子給臣，使小臣生為漢朝的臣子，又做漢朝的女婿，子孫便做漢朝的外甥。從此匈奴可不是永成了天朝的外臣了麼？」皇帝聽了呼韓邪的話，心中很喜歡，只是一件，那匈奴遠在長城之外，胡天萬里，冰霜遍地，沙漠匝天。住的是帳篷幕，吃的是羶肉酪漿。那種苦況，這些嬌滴滴的宮娃，那裡受得起。誰肯捨了這柏梁建章的宮殿，去吃這種慘不可言的苦況呢。想到這裡，心裡便躊躇起來了，便叫內監，把全宮的宮人都宣上殿來。不多一會，那金殿上，便黑壓壓地到了無數如花似玉的宮人。元帝便問道：「如今匈奴的國王，要求朕賜一女子給他，你們如有願去匈奴的，可走出來。」連問了幾遍，那些宮人面面相覷，沒有一個敢答應的。那時王昭君也在其內，聽了皇帝的話，看了大家的情形，曉得大眾的意思，都是偷安旦夕，全不顧大局的安危，心裡便老大不自在。心想我王嬙入宮已有幾年了，長門之怨自不消說，與其做個碌碌無為的上陽宮人，何如轟轟烈烈做一個和親的公主。我自己的姿容或者能夠感動匈奴的單于，使他永遠做漢朝的臣子，一來呢，可以增進大漢的國威，二來呢，使兩國永永休兵罷戰，也免了那邊境上年年生靈塗炭之苦。將來漢史上即使不說我的功勳，難道那邊塞上的口碑，也把我埋沒了麼？想到這裡，便覺得這事竟是我王嬙義不容辭的責任了！

昭君主意已定，嘆了一口氣，黯然立起身來，顫巍巍地走出班來，說：「臣妾王嬙願去匈奴」。那時元帝看見沒有人肯去，正在狐疑的時候，忽見人叢裡走出這麼一位傾城傾國絕代無雙的美人來，定睛一看，竟是宮中第一個絕色美人，而且是平日沒有見過的。這時候元帝又驚又喜，又憐又惜，驚的是宮中竟有這麼一個美人，喜的是這位美人竟肯遠去匈奴，憐的是這位美人怎禁得起那萬里長徵的苦趣，惜的是宮中有了這個美人，卻不曾享受得，便把去送與匈奴，豈不可惜，豈不可惜麼？皇帝心中雖有可惜，然而那時匈奴的使臣，陪著呼韓邪單于，都在殿上，昭君的美貌，是滿朝都看見了的，昭君的言語，是都聽見了的，到了這時候，唉，雖有天子的威力，大漢的國勢，也不能挽回這事了。元帝到了這時候，一時沒得法了，只好把昭君賜了匈奴。從此以後，我們這位愛國女傑王昭君，便做了匈奴呼韓邪單于的大閼氏（閼氏的意思，和我們中國稱王后一般）了。

呼韓邪單于得了王昭君，快活極了。那時漢元帝封昭君為寧胡閼氏，這「寧胡」二字，便是「安撫胡人」的意思。果然一個王昭君，竟勝似千百萬雄兵，從此以後，胡也寧了，漢也寧了。那時呼韓邪單于便和昭君回到匈奴，一路上經過許多平沙大漠，呼韓邪便叫匈奴的樂士在馬上彈起琵琶來，叫昭君一路行一路聽著，免得她生思鄉之念。不多時昭君到了匈奴。匈奴便年年進貢，永遠做漢朝的外臣。於是漢朝的國威遠及西北諸國，從元帝到成帝、哀帝、平帝，一直到王莽篡漢的時候。那時呼韓邪也死了，昭君也死了，他子孫做單于的都說，中國世世為漢朝的外甥，如今天子已非劉氏，如何做他的藩屬？於是匈奴遂不進貢了，遂獨立了。可見這都是這位愛國女傑王昭君的功勞。這便是王昭君的愛國歷史，我們中國幾千年來，人人都可憐王昭君出塞和番的苦趣，卻沒有一個曉得讚嘆王昭君的愛國苦心的。唉，怎麼對得住王昭君呀，那真是對不住王昭君了！

胡適詩歌欣賞

〈蝴蝶〉

兩個黃蝴蝶，雙雙飛上天。
不知為什麼，一個忽飛還。
剩下那一個，孤單怪可憐；
也無心上天，天上太孤單。

〈一念〉

我笑你繞太陽的地球，一日夜只打得一個迴旋；
我笑你繞地球的月亮，總不會永遠團圓；
我笑你千千萬大大小小的星球，總跳不出自己的軌道線；

我笑你一秒鐘行五十萬里無線電，總比不上我區區的心頭一念！
我這心頭一念：
才從竹竿巷，忽到竹竿尖；忽在赫貞江上，忽在凱約湖邊；
我若真個害刻骨的相思，便一分鐘繞遍地球三千萬轉！
[原注] 竹竿巷，是我住的巷名。竹竿尖，是吾村後山名。

〈夢與詩〉

都是平常經驗，
都是平常影像，
偶然湧到夢中來，
變幻出多少新奇花樣！
都是平常情感，
都是平常言語，
偶然遇著詩人，
變幻出多少新奇詩句！
醉過才知酒濃，

愛過才知情重——
你不能做我的詩，
正如我不能做你的夢。

［自跋］這是我的「詩的經驗主義」。簡單一句話：做夢尚且要經驗打底子，何況作詩？現在人的大毛病就在愛做沒有經驗底子的詩。北京一位新詩人說「棒子麵一根一根的往嘴裡送」；上海一位詩學大家說「昨日蠶一眠，今日蠶二眠，蠶眠人不眠！」吃麵養蠶何嘗不是世間最容易的事？但沒有這種經驗的人，連吃麵養蠶都不配說。——何況作詩？

〈祕魔崖月夜〉

依舊是月圓時，
依舊是空山，靜夜；
我獨自月下歸來，
這淒涼如何能解！
翠微山上的一陣松濤，

驚破了空山的寂靜。
山風吹亂了窗紙上的松痕。
吹不散我心頭的人影。

五 告訴年輕人的話

讀書

「讀書」這個題，似乎很平常，也很容易。然而我卻覺得這個題目很不好講。據我所知，「讀書」可以有三種說法：

一、要讀何書

關於這個問題，《京報副刊》上已經登了許多時候的「青年必讀書」；但是這個問題，殊不易解決，因為個人的見解不同，個性不同。各人所選只能代表各人的嗜好，沒有多大的標準作用。所以我不講這一類的問題。

二、讀書的功用

從前有人作「讀書樂」，說什麼「書中自有千鍾粟，書中自有黃金屋，書中自有顏如玉」，現在我們不說這些話了。要說，讀書是求知識，知識就是權力。這些話都是大家會說的，所以我也不必講。

三、讀書的方法

我今天是要想根據個人經驗，同諸位談談讀書的方法。我的第一句話是很平常的，就是說，讀書有兩個要素：

第一要精，

第二要博。

現在先說什麼叫「精」。

我們小的時候讀書，差不多每個小孩都有一條書籤，上面寫十個字，這十個字最普遍的就是「讀書三到：眼到、口到、心到」。現在這種書籤雖不用，三到的讀書法卻依然存在。不過我以為讀書三到是不夠的；須有四到，是：「眼到、口到、心到、手到。」我就拿它來說一說。

眼到是要個個字認得，不可隨便放過。這句話起初看去似乎很容易，其實很不容易。讀中國書時，每個字的一筆一畫都不放過。近人費許多功夫在校勘學上，都因古人忽略一筆一畫而已。讀外國書要把A、B、C、D等字母弄得清清楚楚，所以說這是很難的。如有人翻譯英文，把 port 看作 pork，把 oats 看作 oaks，於是葡萄酒一變而為豬肉，小草變成了大樹。說起來這種例子很多，這都是眼睛不精細的結果。書是文字做成的，不肯仔細認字，就不必讀書。眼到對於讀書的關係很大，一時眼不到，貽害很大，並且眼到能養成好習慣，養成不苟且的人格。

口到是一句一句要念出來。前人說口到是要念到爛熟背得出來。我們現在雖不提倡背書，但有幾類的書，仍舊有熟讀的必要；如心愛的詩歌，如精彩的文章，熟讀多些，於自己的作品上也有良好的影響。讀此外的書，雖不須念熟，也要一句一句念出來，中國書如此，外國書更要如此。念書的功用能使我們特別明瞭每一句的構造，句中各部分的關係。往往一遍念不通，要念兩遍以上，方才能明白的。讀好的小說尚且要如此，何況讀關於思想學問的書呢？

心到是每章、每句、每字意義如何？何以如是？這樣用心考究。但是用心不是叫人枯坐冥想，是要靠外面的裝置及思想的方法的幫助。要做到這一點，須要有幾個條件：

一、字典、辭典、參考書等等工具要完備。這幾樣工具雖不能辦到，也當到圖書館去看。我個人的意見是奉勸大家，當衣服，賣田地，至少要置備一點好的工具。比如買一本《韋氏大字典》（*Webster's Dictionary*），勝於請幾個先生。這種先生終身跟著你，終身享受不盡。

二、要做文法上的分析。用文法的知識，做文法上的分析，要懂得文法構造，方才懂得它的意義。

三、有時要比較參考，有時要融會貫通，方能了解。不可但看字面。一個字往往有許多意義，讀者容易上當。例如 turn 這字：

作外動字解有十五解，

作內動字解有十三解，

作名詞解有二十六解，

共五十四解，而成語不算。

又如 Strike：

作外動字解有三十一解，

作內動字解有十六解，

作名詞解有十八解，

共六十五解。

又如go字最容易了，然而這個字：

作內動字解有二十二解，

作外動字解有三解，

作名詞解有九解，

共三十四解。

以上是英文字須要加以考究的例。英文字典是完備的，但是某一字在某一句究竟用第幾個意義呢？這就非比較上下文，或貫串全篇，不能懂了。

中文較英文更難，現在舉幾個例：

祭文中第一句「維某年月日」之「維」字，究作何解？字典上說它是虛字。《詩經》裡「維」字有二百多，必須細細比較研究，然後知道這個字有種種意義。

又《詩經》之「于」字，「之子于歸」、「鳳凰于飛」等句，「于」字究作何解？非仔細考究是不懂的。又「言」字人人知道，但在《詩經》中就發生問題，必須比較，然後知「言」字為連線字。諸如此例甚多。中國古書很難讀，古字典又不適用，非是用比較歸納的研究方法，我們如何懂得呢？

總之，讀書要會疑，忽略過去，不會有問題，便沒有進益。

宋儒張載說：「讀書先要會疑。於不疑處有疑，方是進矣。」他又說：「在可疑而不疑者，不曾學。學則須疑。」又說：「學貴心悟，守舊無功。」

宋儒程頤說：「學原於思。」

這樣看起來，讀書要求心到；不要怕疑難，只怕沒有疑難。工具要完備，思想要精密，就不怕疑難了。

現在要說手到。手到就是要勞動勞動你的貴手。讀書單靠眼到、口到、心到，還不夠的；必須還得自己動動手，才有所得。例如：

一、標點分段，是要動手的。

二、翻查字典及參考書，是要動手的。

三、做讀書札記，是要動手的。札記又可分四類：

(a)抄錄備忘。

(b)作提要、節要。

(c)自己記錄心得。張載說：「心中苟有所開，即便札記。不則還塞之矣。」

(d)參考諸書，融會貫通，作有系統的著作。

手到的功用。我常說：發表是吸收知識和思想的絕妙方法。吸收進來的知識思想，無論是看書來的，或是聽講來的，都只是模糊零碎，都算不得我們自己的東西。自己必須做一番手腳，或做提要，或做說明，或做討論，自己重新組織過，申敘過，用自己的語言記述過，——那種知識思想方才可算是你自己的了。

我可以舉一個例。你也會說「進化」，他也會談「進化」，但你對於「進化」這個觀念的見解未必是很正確的，未必是很清楚的；也許只是一種「道聽途說」，也許只是一種時髦的口號。這種知識算不得知識，更算不得是「你的」知識。假如你聽了我的話，不服氣，今晚回去就去遍翻各種書籍，仔細研究進化論的科學上的根據；假使你翻了幾天書之後，發憤動手，把你研究所得寫成一篇讀書札記；假使你真動手寫了這麼一篇

「我為什麼相信進化論」的札記，列舉了：

一、生物學上的證據；

二、比較解剖學上的證據；

三、比較胚胎學上的證據；

四、地質學和古生物學上的證據；

五、考古學上的證據；

六、社會學和人類學上的證據。

到這個時候，你所有關於「進化論」的知識，經過了一番組織安排，經過了自己的去取敘述，這時候這些知識方才可算是你自己的了。所以我說，發表是吸收的利器；又可以說，手到是心到的法門。

至於動手標點，動手翻字典，動手查書，都是極要緊的讀書祕訣，諸位千萬不要輕輕放過。內中自己動手翻書一項尤為要緊。我記得前幾年我曾勸顧頡剛先生標點姚際恆的《古今偽書考》。當初我知道他的生活困難，希望他標點一部書付印，賣幾個錢。那部書是很薄的一本，我以為他一兩個星期就可以標點完了。那知顧先生一去半年，還不曾交卷。原來他於每條引的書，都去翻查原書，仔細校對，註明出處，註明原書卷第，註明刪節之處。他動手半年之後，來對我說，《古今偽書考》不必付印了，他現在要編輯一部疑古的叢書，叫做「辨偽叢刊」。我很贊成他這個計劃，讓他去動手。他動手了一兩年之後，更進步了，又超過那「辨偽叢刊」的計畫了，他要自己創作了。他前年以來，對於中國古史，做了許多辨偽的文字；他眼前的成績早已超過崔述了，更不要說姚際恆了。顧先生將來在中國史學界的貢獻一定不可限量，但我們要知道他成功的最大原因是他的手到的功夫勤而且精。我們可以說，沒有動手不勤快而能讀書的，沒有手不到而能成學者的。

第二要講什麼叫「博」。

什麼書都要讀，就是博。古人說：「開卷有益」，我也主張這個意思，所以說讀書第一要精，第二要博。我們主張「博」有兩個意思：

第一，為預備參考數據計，不可不博。

第二，為做一個有用的人計，不可不博。

第一，為預備參考數據計。

在座的人，大多數是戴眼鏡的。諸位為什麼要戴眼鏡？豈不是因為戴了眼鏡，從前看不見的，現在看得見了；從前很小的，現在看得很大了；從前看不分明的，現在看得清楚分明了？王荊公說得最好：

> 世之不見全經久矣。讀經而已，則不足以知經。故某自百家諸子之書，至於《難經》、《素問》、《本草》諸小說，無所不讀；農夫女工，無所不問；然後於經為能知其大體而無疑。蓋後世學者與先王之時異矣；不如是，不足以盡聖人故也。……致其知而後讀，以有所去取，故異學不能亂也。唯其不能亂，故能有所去取者，所以明吾道而已。

《答曾子固書》

他說：「致其知而後讀。」又說：「讀經而已，則不足以知經。」即如《墨子》一書在一百年前，清朝的學者懂得此書還不多。到了近來，有人知道光學、幾何學、力學、工程學等等，一看《墨子》，才知道其中有許多部分是必須用這些科學的知識方才能懂的。後來有人知道了倫理學、心理學等等，懂得《墨子》更多了。讀別種書愈多，《墨子》愈懂得多。

所以我們也說，讀一書而已則不足以知一書。多讀書，然後可以專讀一書。譬如讀

《詩經》，你若先讀了北大出版的《歌謠週刊》，便覺得《詩經》好懂得多了；你若先讀過社會學、人類學，你懂得更多了；你若先讀過文字學、古音韻學，你懂得更多了；你若讀過考古學、比較宗教學等，你懂得的更多了。

你要想讀佛家唯識宗的書嗎？最好多讀點倫理學、心理學、比較宗教學，變態心理學。

無論讀什麼書總要多配幾副好眼鏡。

你們記得達爾文研究生物進化的故事嗎？達爾文研究生物演變的現狀，前後凡三十多年，積了無數材料，想不出一個單簡貫串的說明。有一天他無意中讀馬爾薩斯（Thomas Malthus）的《人口論》（*An Essay on the Principle of Population*），忽然大悟生存競爭的原則，於是得著物競天擇的道理，遂成一部破天荒的名著，給後世思想界開啟一個新紀元。

所以要博學者，只是要加添參考的材料，要使我們讀書時容易得「暗示」；遇著疑難時，東一個暗示，西一個暗示，就不至於呆讀死書了。這叫做「致其知而後讀」。

第二，為做人計。

專工一技一藝的人，只知一樣，除此之外，一無所知。這一類的人影響於社會很少，好有一比，比一根旗杆，只是一根孤拐，孤單可憐。又有些人廣泛博覽，而一無所專長，雖可以到處受一班賤人的歡迎，其實也是一種廢物。這一類人，也好有一比，比一張很大的薄紙，禁不起風吹雨打。

在社會上，這兩種人都是沒有什麼大影響，為個人計，也很少樂趣。

理想中的學者，既能博大，又能精深。精深的方面，是他的專門學問。博大的方面，是他的旁搜博覽。博大要幾乎無所不知，精深要幾乎唯他獨尊，無人能及。他用他的專門學問做中心，次及於直接相關的各種學問，次及於間接相關的各種學問，次及於不很相關的各種學問，以及毫不相關的各種泛覽。這樣的學者，也有一比，比埃及的金字三角塔。那金字塔（據最近《東方雜誌》，第二十二卷第六號，頁一四七）高四百八十英呎，底邊各邊長七百六十四英呎。塔的最高度代表最精深的專門學問；從此點以次遞減，代表那旁收博覽的各種相關或不相關的學問。塔底的面積代表博大的範圍，精深的造詣，博大的同情心。這樣的人，對社會是極有用的人才，對自己也能充分享受人生的趣味。宋儒程顥說的好：

須是大其心使開闊：譬如為九層之臺，須大做腳始得。

博學正所以「大其心使開闊」。我曾把這番意思編成兩句粗淺的口號，現在拿出來貢獻給諸位朋友，作為讀書的目標：

為學要如金字塔，要能廣大要能高。

十四，四，二十二夜改稿。

文學改良芻議

今之談文學改良者眾矣，記者末學不文，何足以言此。然年來頗於此事再四研思，輔以友朋辯論，其結果所得，頗不無討論之價值。因綜括所懷見解，列為八事，分別言之，以與當世之留意文學改良者一研究之。

吾以為今日而言文學改良，須從八事入手。八事者何？

一曰，須言之有物。

二曰，不模仿古人。

三曰，須講求文法。

四曰，不作無病之呻吟。

五曰，務去濫調套語。

六曰，不用典。

七曰，不講對仗。

八曰，不避俗字俗語。

一曰須言之有物

吾國近世文學之大病，在於言之無物。今人徒知「言之無文，行之不遠」，而不知言之無物，又何用文為乎。吾所謂「物」，非古人所謂「文以載道」之說也。吾所謂「物」，約有二事。

(一)情感

《詩序》曰，「情動於中而形於言。言之不足，故嗟嘆之。嗟嘆之不足，故詠歌之。詠歌之不足，不知手之舞之，足之蹈之也。」此吾所謂情感也。情感者，文學之靈魂。文學而無情感，如人之無魂，木偶而已，行屍走肉而已。（今人所謂「美感」者，亦情感之一也。）

（二）思想

吾所謂「思想」，蓋兼見地、識力、理想三者而言之。思想不必皆賴文學而傳，而文學以有思想而益貴。思想亦以有文學的價值而益資也。此莊周之文，淵明老杜之詩，稼軒之詞，施耐庵之小說，所以敻絕於古也。思想之在文學，猶腦筋之在人身。人不能思想，則雖面目姣好，雖能笑啼感覺，亦何足取哉。文學亦猶是耳。

文學無此二物，便如無靈魂無腦筋之美人，雖有穠麗富厚之外觀，抑亦未矣。近世文人沾沾於聲調字句之間，既無高遠之思想，又無真摯之情感，文學之衰微，此其大因矣。此文勝之害，所謂言之無物者是也。欲救此弊，宜以質救之。質者何，情與思二者而已。

二曰不模仿古人

文學者，隨時代而變遷者也。一時代有一時代之文學。周秦有周秦之文學，漢魏有漢魏之文學，唐宋元明有唐宋元明之文學。此非吾一人之私言，乃文明進化之公理也。

即以文論，有《尚書》之文，有先秦諸子之文，有司馬遷班固之文，有韓柳歐蘇之文，有語錄之文，有施耐庵曹雪芹之文。此文之進化也。試更以韻文言之。擊壤之歌，五子之歌，一時期也。三百篇之詩，一時期也。屈原荀卿之騷賦，又一時期也。蘇李以下，至於魏晉，又一時期也。江左之詩流為排比，至唐而律詩大成，此又一時期也。老杜香山之「寫實」體諸詩（如杜之〈石壕吏〉、〈羌村〉，白之〈新樂府〉），又一時期也。詩至唐而極盛，自此以後，詞曲代興。唐五代及宋初之小令，此詞之一時代也。蘇柳（永）辛姜之詞，又一時代也。至於元之雜劇傳奇，則又一時代矣。凡此諸時代，各因時勢風會而變，各有其特長。吾輩以歷史進化之眼光觀之，決不可謂古人之文學皆勝於今人也。左氏史公之文奇矣。然施耐庵之《水滸傳》視《左傳》、《史記》，何多讓焉。《三都》、《兩水》之賦富矣。然以視唐詩宋詞，則糟粕耳。此可見文學因時進化，不能自止。唐人不當作商周之詩，宋人不當作相如子雲之賦。即令作之，亦必不工，逆天背時，違進化之跡，故不能工也。

既明文學進化之理，然後可言吾所謂「不摹仿古人」之說。今日之中國，當造今日之文學。不必摹仿唐宋，亦不必摹仿周秦也。前見國會開幕詞，有雲，「於鑠國會，遵晦時休」。此在今日而欲為三代以上之文之一證也。更觀今之「文學大家」，文則下規姚曾，上師韓歐，更上則取法秦漢魏晉，以為六朝以下無文學可言，此皆百步與五十步之別而已，而皆為文學下乘。即令神似古人，亦不過為博物院中添幾許「逼真贗鼎」而已，文學雲乎哉。昨見陳伯嚴先生一詩云：

濤園鈔杜句，半歲禿千毫。所得都成淚，相過問奏刀。萬靈噤不下，此老仰彌高。胸腹回滋味，徐看薄命騷。

此大足代表今日「第一流詩人」摹仿古人之心理也。其病根所在，在於以「半歲禿千毫」之工夫作古人的鈔胥奴婢，故有「此老仰彌高」之嘆。若能灑脫此種奴性，不作古人的詩，而唯作我自己的詩，則決不致如此失敗矣！

吾每謂今日之文學，其足與世界「第一流」文學比較而無愧色者，獨有白話小說（我佛山人、南亭亭長、洪都百鍊生三人而已。）一項。此無他故，以此種小說皆不事摹仿古人，（三人皆得力於《儒林外史》、《水滸》、《石頭記》。然非摹仿之作也。）而唯實寫今日社會之情狀，故能成真正文學。其他學這個，學那個之詩古文家，皆無文學之價值也。今之有志文學者，宜知所從事矣。

三曰須講求文法

今之作文作詩者，每不講求文法之結構。其例至繁，不便舉之，尤以作駢文律詩者為尤甚。夫不講文法，是謂「不通」。此理至明，無待詳論。

四曰不作無病之呻吟

此殊未易言也。今之少年往往作悲觀。其取別號則曰「寒灰」、「無生」、「死灰」。其作為詩文，則對落日而思暮年，對秋風而思零落，春來則唯恐其速去，花發又唯懼其早謝。此亡國之哀音也。老年人為之猶不可，況少年乎。其流弊所至，遂養成一種暮氣，不思奮發有為，服勞報國，但知發牢騷之音，感唱之文。作者將以促其壽年，讀者將亦短其志氣，此吾所謂無病之呻吟也。國之多患，吾豈不知之。然病國危時，豈痛哭流涕所能收效乎。吾唯願今之文學家作費舒特（Fichte），作馮志尼（Mazzini），而不願其為賈生、王粲、屈原、謝皋羽也。其不能為賈生、王粲、屈原、謝皋羽，而徒為婦人醇酒喪氣失意之詩文者，尤卑卑不足道矣！

五曰務去濫調套語

今之學者，胸中記得幾個文學的套語，便稱詩人。其所為詩文處處是陳言濫調，「蹉跎」、「身世」、「寥落」、「飄零」、「蟲沙」、「寒窗」、「斜陽」、「芳草」、「春閨」、「愁魂」、「歸夢」、「鵑啼」、「孤影」、「雁字」、「玉樓」、「錦字」、「殘更」之類，纍纍不絕，最可惜厭。其流弊所至，遂令國中生出許多似是而非，貌似而實非之詩文。今試舉一例以證之。

「熒熒夜燈如豆，映幢幢孤影，凌亂無據。翡翠衾寒，鴛鴦瓦冷，禁得秋宵幾度。麼弦漫語，早丁字簾前，繁霜飛舞。裊裊餘音，片時猶繞柱。」

此詞驟觀之，覺字字句句皆詞也。其實僅一大堆陳套語耳。「翡翠衾」、「鴛鴦瓦」，用之白香山《長恨歌》則可，以其所言乃帝王之衾之瓦也。「丁字簾」、「麼弦」，皆套語也。此詞在美國所作，其夜燈絕不「熒熒如豆」，其居室尤無「柱」可繞也。至於「繁霜飛舞」，則更不成話矣。誰曾見繁霜之「飛舞」耶？

吾所謂務去濫調套語者，別無他法，唯在人人以其耳目所親見、親聞、所親身閱歷之事物，——自己鑄詞以形容描寫之。但求其不失真，但求能達其狀物寫意之目的，即是工夫。其用濫調套語者，皆懶惰不肯自己鑄詞狀物者也。

六曰不用典

吾所主張八事之中，唯此一條最受友朋攻擊，蓋以此條最易誤會也。吾友江亢虎君來書曰：

「所謂典者，亦有廣狹二義。餖飣獺祭，古人早懸為厲禁。若併成語故事而屏之，則非唯文字之品格全失，即文字之作用亦亡……文字最妙之意味，在用字簡而涵意多。此斷非用典不為功。不用典不特不可作詩，並不可寫信，且不可演說。來函滿紙『舊雨』、『虛懷』，『治頭治腳』、『捨本逐末』、『洪水猛獸』、『發聾振聵』、『負弩先驅』、『心悅誠服』、『詞壇』、『退避三舍』、『無病呻吟』、『滔天』、『利器』、『鐵證』……皆典也。試盡抉而去之，代以俚語俚字，將成何說話。其用字之繁簡，猶其細焉。恐一易他詞，雖加倍蓰而涵義仍終不能如是恰到好處，奈何……」

此論極中肯要。今依江君之言，分典為廣狹二義，分論之如下：

（一）廣義之典非吾所謂典也。廣義之典約有五種。

（甲）古人所設譬喻，其取譬之事物，含有普通意義，不以時代而失其效用者，今人亦可用之。如古人言「以子之矛攻子之盾」。今人雖不讀書者，亦知用「自相矛盾」之喻。然不可謂為用典也，上文所舉例中之「治頭治腳」、「洪水猛獸」、「發聾振聵」……皆此類也。蓋設譬取喻，貴能切當，若能切當，固無古今之別也。若「負導先驅」、「退避三舍」之類，在今日已非通行之事物，在文人相與之間，或可用之，然終以不用為上。如言「退避」，千里亦可，百里亦可，不必定用「三舍」之典也。

（乙）成語

成語者，合字成辭，別為意義。其習見之句，通行已久，不妨用之。然今日若能另鑄「成語」，亦無不可也。「利器」、「虛懷」、「捨本逐末」……皆屬此類。非此「典」也，乃日用之字耳。

（丙）引史事

引史事與今所論議之事相比較，不可謂為用典也。如老杜詩云，「未聞殷周衰，中自誅褒妲」，此非用典也。近人詩云，「所以曹孟德，猶以漢相終」，此亦非用典也。

（丁）引古人作比

此亦非用典也。杜詩云，「清新庾開府，俊逸鮑參軍。」，此乃以古人比今人，非用典也。又雲，「伯仲之間見伊呂，指揮若定失蕭曹」，此亦非用典也。

（戊）引古人之語

此亦非用典也。吾嘗有句云，「我聞古人言，艱難唯一死」。又云，「『嘗試成功自古無，放翁此語未必是』」。此乃引語，非用典也。

以上五種為廣義之典，其實非吾所謂典也。若此者可用可不用。

（二）狹義之典，吾所主張不用者也。吾所謂「用典」者，謂文人詞客不能自己鑄詞造句，以寫眼前之景，胸中之意，故借用或不全切，或全不切之故事陳言以代之，以圖含混過去。是謂「用典」。上所述廣義之典，除戊條外，皆為取譬比方之辭。但以彼喻此，而非以彼代此也。狹義之用典，則全為以典代言，自己不能直言之，故用典以言之耳。此吾所謂用典與非用典之別也。狹義之典亦有工拙之別，其工者偶一用之，未為不可，其拙者則當痛絕之已。

（子）用典之工者此江君所謂用字簡而涵義多者也。客中無書不能多舉其例，但雜舉一二，以實吾言。

（1）東坡所藏仇池石，王晉卿以詩借現，意在於奪。東坡不敢不借，先以詩寄之，有句雲，「欲留嗟趙弱，寧許負秦曲。傳觀慎勿許，間道歸應速。」此用藺相如返璧之典，何其工切也。

（2）東坡又有「章質夫送酒六壺，書至而酒不達」。詩云，「豈意青州六從事，化為烏有一先生」。此雖工已近於纖巧矣。

（3）吾十年前嘗有讀《十字軍英雄記》一詩云，「豈有酖人羊叔予，焉知微服趙主父，十字軍真兒戲耳，獨此兩人可千古」。以兩典包盡全書，當時頗沾沾自喜，其實此種詩，儘可不作也。

（4）江亢虎代華僑誄陳英士文有「本懸太白，先壞長城。世無鉏霓，乃戕趙卿」四句，餘極喜之。所用趙宣子一典，甚工切也。

（5）王國維詠史詩，有「虎狼在堂室，徒戎復何補。神州遂陸沉，百年委榛莽。寄語桓元子，莫罪王夷甫。」此亦可謂使事之工者矣。

上述諸例，皆以典代言，其妙處，終在不失設譬比方之原意。唯為文體所限，故譬喻變而為稱代耳。用典之弊，在於使人失其所欲譬喻之原意。若反客為主，使讀者迷於使事用典之繁，而轉忘其所為設譬之事物，則為拙矣。古人雖作百韻長詩，其所用典不出一二事而已。（〈北征〉與白香山〈悟真寺〉詩皆不用一典。）今人作長律則非典不能下筆矣。嘗見一詩八十四韻，而用典至百餘事，宜其不能工也。

（丑）用典之拙者

用典之拙者，大抵皆衰情之人，不知造詞，故以此為躲懶藏拙之計。唯其不能造詞，故亦不能用典也。總計拙典亦有數類：

（1）比例泛而不切，可作幾種解釋，無確定之根據。今取王漁洋〈秋柳〉一章證之。

「娟娟涼露欲為霜，萬縷千條拂玉塘，浦裡青行中婦鏡，江於黃竹女兒箱。空憐板話隋堤水，不見琅琊大道王。若過洛陽風景地，含情重問永豐坊。」

此詩中所用諸典無不可作幾樣說法者。

（2）僻典使人不解。夫文學所以達意抒情也。若必求人人能讀五車書，然後能通其文，則此種文可不作矣。

（3）刻削古典成語，不合文法。「指兄弟以孔懷，稱在位以曾是」（章太炎語），是其例也。今人言「為人作嫁」亦不通。

（4）用典而失其原意。如某君寫山高與天接之狀，而曰「西接杞天傾」是也。

（5）古事之實有所指，不可移用者，今往亂用作普通事實。如古人灞橋折柳，以送行者，本是一種特別土風。陽關渭城亦皆實有所指。今之懶人不能狀別離之情，於是雖身在滇越，亦言灞橋，雖不解陽關渭城為何物，亦皆「陽關三疊」、「渭城離歌」。又如張翰因秋風起而思故鄉之蓴羹鱸膾，今則雖非吳人，不知蓴鱸為何味者，亦皆自稱有「蓴鱸之思」。此則不僅懶不可救，直是自欺欺人耳！

凡此種種，皆文人之不下功夫，一受其毒，便不可救。此吾所以有「不用典」之說也。

七曰不講對仗

排偶乃人類言語之一種特性，故雖古代文字，如老子孔子之文，亦間有駢句。如「道可道，非常道；名可名，非常名。無名天地之始，有名萬物之母。故常無，欲以觀其妙；常有，欲以觀其微」。此三排句也。「食無求飽，居無求安」。「貧而無餡，富無而驕」。「爾愛其羊，我愛其禮」。此皆排句也。然此皆近於語言之自然，而無牽強刻削之跡；尤未有定其字之多寡，聲之平仄，詞之虛實者也。至於後世文學末流，言之無物，乃以文勝。文勝之極，而駢文律詩興焉，而長律興焉。駢文律詩之中非無佳作，然佳作終鮮。所以然者何。豈不以其束縛人之自由過甚之故耶。（長律之中，上下古今，無一首佳作可言也。）今日而言文學改良，當「先立乎其大者」，不當枉廢有用之精力於微細纖巧之末。此吾所以有廢駢廢律之說也。即不能廢此兩者，亦但當視為文學末技而已，非講求之急務也。

今人猶有鄙夷白話小說為文學小道者。不知施耐庵、曹雪芹、吳趼人皆文學正宗，而駢文律詩乃真小道耳。吾知必有聞此言而卻走者矣。

八曰不避俗語俗字

吾唯以施耐庵、曹雪芹、吳趼人為文學正宗，故有「不避俗字俗語」之論也（參看上文第二條下）。蓋吾國言文之背馳久矣。自佛書之輸入，譯者以文言不足以達意，故以淺近之文譯之，其體已近白話。其後佛氏講義語錄尤多用白話為之者，是為語錄體之原始。及宋人講學以白話為語錄，此體遂成講學正體。（明人因之。）當是時，白話已久入韻文，觀唐宋人白話之詩詞可見也。及至元時，中國北部已在異族之下，三百餘年矣（遼、金、元）。此三百年中，中國乃發生一種通俗行遠之文學。文則有《水滸》、《西遊》、《三國》之類，戲曲則尤不可勝計。（關漢卿諸人，人各著劇數十種之多。吾國文人著作之富，未有過於此時者也。）以今世眼光觀之，則中國文學當以元代為最盛，可傳世不朽之作，當以元代為最多。此可無疑也。當是時，中國之文學最近言文合一。白話幾成文學的語言矣。使此趨勢不受阻遏，則中國乃有「活文學出現」，而但丁（Dante Alighieri）、路得（Martin Luther）之偉業，（歐洲中古時，各國皆有俚語，而以拉丁文為文言，凡著作書籍皆用之，如吾國之以文言著書也。其後義大利有但丁諸文豪，始以其國俚語著作。諸國踵興，國語亦代起。路得創新教始以德文譯舊約新約，遂開德文學之先。英法諸國亦復如是。今世通用之英文新舊約乃一六一一年譯本，距今才三百年耳。故今日歐洲諸國之文學，在當日皆為俚語。造諸文豪興，始以「活文學」代拉丁之死文學。有活文學而後有言文合一之國語也。）凡發生於神州。不意此趨勢驟為明代所阻，政府既以八股取士，而當時文人如何、李七子之徒，又爭以復古為高，於是此千年難遇言文合一之機會，遂中道夭折矣。然以今世歷史進化的眼光觀之，則白話文學之為中國文學之正宗，又為將來文學必用之利器，可斷言也。（此「斷言」乃自作者言之，贊成此說者今日未必甚多也。）以此之故，吾主張今日作文作詩，宜採用俗語俗字。與其用三千年前之死字（如「於鑠國會，遵晦時休」之類），不如用二十世紀之活字。與其作不能行遠不能普及之秦漢六朝文字，不如作家喻戶曉之《水滸》、《西遊》文字也。

結論

上述八事，乃吾年來研思此一大問題之結果。遠在異國，既無讀書之暇晷，又不得就國中先生長者質疑問題，其所主張容有矯枉過正之處。然此八事皆文學上根本問題，一一有研究之價值。故草成此論，以為海內外留心此問題者作一草案。謂之芻議，猶雲未定草也。伏唯國人同志有以匡糾是正之。

民國六年一月。

少年中國之精神

前番太炎先生，話裡面說現在青年的四種弱點，都是很可使我們反省的。他的意思是要我們少年人：一、不要把事情看得太容易了；二、不要妄想憑藉已成的勢力；三、不要虛慕文明；四、不要好高騖遠。這四條都是消極的忠告。我現在且從積極一方面提出幾個觀念，和各位同志商酌。

一、少年中國的邏輯

邏輯即是思想、辯論、辦事的方法。一般中國人現在最缺乏的就是一種正當的方法。因為方法缺乏，所以有下列的幾種現象：（一）靈異鬼怪的迷信，如上海的盛德壇及各地的各種迷信；（二）謾罵無理的議論；（三）用詩云子曰作根據的議論；（四）把西洋古人當作無上真理的議論；還有一種平常人不很注意的怪狀，我且稱他為「目的熱」，就是迷信一些空虛的大話，認為高尚的目的；全不問這種觀念的意義究竟如何；今天有人說：「我主張統一和平」，大家齊聲喝采，就請他做內閣總理；明天又有人說：「我主張和平統一」，大家又齊聲叫好，就舉他做大總統；此外還有什麼「愛國」哪、「護法」哪、「孔教」哪、「衛道」哪……許多空虛的名詞；意義不曾確定，也都有許多人隨聲附和，認為天經地義，這便是我所說的「目的熱」。以上所說各種現象都是缺乏方法的表示。我們既然自認為「少年中國」，不可不有一種新方法；這種新方法，應該是科學的方法；科學方法，不是我在這短促時間裡所能詳細討論的，我且略說科學方法的要點：

第一注重事實。科學方法是用事實作起點的，不要問孔子怎麼說，柏拉圖怎麼說，康德怎麼說；我們須要先從研究事實下手，凡遊歷調查統計等事都屬於此項。

第二注重假設。單研究事實，算不得科學方法。王陽明對著庭前的竹子做了七天的「格物」工夫，格不出什麼道理來，反病倒了，這是笨伯的「格物」方法；科學家最重「假設」(hypothesis)。觀察事物之後，自說有幾個假定的意思；我們應該把每一個假設所涵的意義徹底想出，看那意義是否可以解釋所觀察的事實？是否可以解決所遇的疑難？所以要博學。正是因為博學方才可以有許多假設，學問只是供給我們種種假設的來源。

第三注重證實。許多假設之中，我們挑出一個，認為最合用的假設；但是這個假設是否真正合用？必須實地證明。有時候，證實是很容易的；有時候，必須用「試驗」方才可以證實。證實了的假設，方可說是「真」的，方才可用。一切古人今人的主張、東哲西哲的學說，若不曾經過這一層證實的工夫，只可作為待證的假設，不配認作真理。

少年的中國，中國的少年，不可不時時刻刻儲存這種科學的方法，實驗的態度。

二、少年中國的人生觀

現在中國有幾種人生觀都是「少年中國」的仇敵：第一種是醉生夢死的無意識生活，固然不消說了；第二種是退縮的人生觀，如靜坐會的人，如坐禪學佛的人，都只是消極的縮頭主義。這些人沒有生活的膽子，不敢冒險，只求平安，所以變成一班退縮懦夫;第三種是野心的投機主義，這種人雖不退縮，但為完全自己的私利起見，所以他們不惜利用他人，作他們自己的器具，不惜犧牲別人的人格和自己的人格，來滿足自己的野心;到了緊要關頭，不惜作偽，不惜作惡，不顧社會的公共幸福，以求達他們自己的目的。這三種人生觀都是我們該反對的。少年中國的人生觀，依我個人看來，該有下列的幾種要素:

第一須有批評的精神。一切習慣、風俗、制度的改良，都起於一點批評的眼光;個人的行為和社會的習俗，都最容易陷入機械的習慣，到了「機械的習慣」的時代，樣樣事都不知不覺地做去，全不理會何以要這樣做，只曉得人家都這樣做故我也這樣做，這樣的個人便成了無意識的兩腳機器，這樣的社會便成了無生氣的守舊社會，我們如果發願要造成少年的中國，第一步便須有一種批評的精神;批評的精神不是別的，就是隨時隨地都要問我為什麼要這樣做?為什麼不那樣做?

第二須有冒險進取的精神。我們須要認定這個世界是很多危險的，定不太平的，是需要冒險的;世界的缺點很多，是要我們來補救的;世界的痛苦很多，是要我們來減少的;世界的危險很多，是要我們來冒險進取的。俗話說得好:「成人不自在，自在不成人。」我們要做一個人，豈可貪圖自在；我們要想造一個「少年的中國」，豈可不冒險；這個世界是給我們活動的大舞臺，我們既上了臺，便應該老著面皮，拚著頭皮，大著膽子，幹將起來；那些縮排後臺去靜坐的人都是懦夫，那些袖著雙手只會看戲的人，也都是懦夫；這個世界豈是給我們靜坐旁觀的嗎？那些厭惡這個世界夢想超生別的世界的人，更是懦夫，不用說了。第三須要有社會協進的觀念。上條所說的冒險進取，並不是野心的，自私自利的；我們既認定這個世界是給我們活動的，又須認定人類的生活全是社會的生活，社會是有機的組織，全體影響個人，個人影響全體，社會的活動是互助的，你靠他幫忙，他靠你幫忙，我又靠你同他幫忙，你同他又靠我幫忙；你少說了一句話，我或者不是我現在的樣子，我多盡了一分力，你或者也不是你現在這個樣子，我和你多盡了一分力，或少做了一點事，社會的全體也許不是現在這個樣子，這便是社會協進的觀念。有這個觀念，我們自然把人人都看作通力合作的伴侶，自然會尊重人人的人格了；有這個觀念，我們自然覺得我們的一舉一動都和社會有關，自然不肯為社會造惡因，自然要努力為社會種善果，自然不致變成自私自利的野心投機家了。

少年的中國，中國的少年，不可不時時刻刻儲存這種批評的、冒險進取的、社會的人生觀。

三、少年中國的精神

少年中國的精神並不是別的，就是上文所說的邏輯和人生觀；我且說一件故事做我這番談話的結論：諸君讀過英國史的，一定知道英國前世紀有一種宗教革新的運動，歷史上稱為「牛津運動」(Oxford movement)，這種運動的幾個領袖如基布爾(Keble)、紐曼(Newman)、弗勞德(Froude)諸人，痛恨英國國教的腐敗，想大大的改革一番；這個運動未起事之先，這幾位領袖做了一些宗教性的詩歌寫在一個冊子上，紐曼摘了一句荷馬的詩題在冊子上，那句詩是 You shall see the difference now that weare back again！翻譯出來即是：「如今我們回來了，你們看便不同了！」

少年的中國，中國的少年，我們也該時時刻刻記著這句話：

如今我們回來了，你們看便不同了！

這便是少年中國的精神。

（本文為1919年7月胡適在少年中國學會上的演講，
原載1919年《少年中國》第1期）

中學生的修養與擇業

今天我應該講些什麼？事先曾請教吳縣長，師範劉校長和同來的幾位朋友，他們以今天到場的大多數是青年朋友們，也有青年朋友的父兄，因此要我講講中等教育的東西。同時，我到過的地方，許多朋友常常問我中學生應注重什麼？中學畢業後，升學的應該怎樣選科？到社會裡去的應該怎樣擇業？我是不懂教育的，不過年紀大些，並且自己也是經過中學大學過來的，同時看到朋友們與我們自己的子弟經過中學，得到一點認識，願意將自己的認識提出來供大家的參考，今天講的題目，就是：「中學生的修養與中學生的擇業」。

中學生的修養應注意兩點：

一、工具的求得

中學生大概是從十二歲的幼年到十八歲的青年，這個時期是決定他將來最重要的一個時期。求知識與做人、做事的工具，要在這個時期求得。古人說：「工欲善其事，必先利其器」，中學生要將來有成就，便應該注意到「求工具」——學業上、事業上、求知識上所需要的工具。求工具的目標有二：一是中學畢業後無力升學要到社會裡去就業；一是繼續升學。第一種工具是語言文字。不論就業或升學，以我個人的經驗和觀察所得，語言文字是最需要的工具。在中學裡不僅應該學好本國的語言文字，最好能多學一、二種外國的語言文字。它是就業升學的鑰匙，能為我們開啟知識的門。多學得一種語言，等於闢開一個新的花園、新的世界。語言文字，可以說是中學時期應該求得的工具當中非常重要的了。在中學時期如果沒有打好語言文字的基礎，以後做學問非常的困難。而且過了這個時期，很少能夠把語言文字弄好的。

第二種工具是科學的基本知識。許多人都說學了數學，將來沒有什麼用處，這是錯誤的。數學是自然科學重要的鑰匙，如果不能把這個重要的鑰匙——數學，與物理學、化學、生物學、礦物學、植物學等，在中學時期學好，則不能求得新的知識。所以中學時期最重要的，是把這些基本知識弄好。

青年們在學校裡對於各種基本科學，不能當它是功課，是學校課程裡面需要的功課，應該把它當成求知識、做學問、做人的工具，必不可少的工具。拿工具這個觀念來看課程，課程便活了。拿工具這個觀念來批評課程，可以得到一個標準。首先看看哪些功課夠得上作工具，並分出哪些功課是求知識做學問的工具，哪些功課是做人的工具。哪些功課是重要，哪些功課是次要。同時拿工具這個觀念來衡量，哪種教法是死的笨的，請先生改良，哪些應該特別注重，請先生注意。我這個話，不是叫學生對先生造反，而是請先生以工具來教，不要死板的照課本講，這樣推動先生，可以使得先生從沒有精神提起精神，不是造反而是教學相長，不把功課當作功課看，把它當作必需的工具看。拿工具的觀念看功課，功課便是活的，這一點也可以說是中學生治學的方法。

二、要養成良好的習慣

良好習慣的養成，即普通所謂的人品教育，品性人格的陶冶。教育學家心理學家都告訴我們說：人品性格是習慣的養成，好的品格是好的習慣養成。中學生是定型的階段，中學生時期與其注重治學的方法，毋寧提倡良好的習慣的養成。一個人的壞習慣在中學還可糾正，假使在中學裡不能養成良好的習慣，這個人的前途便算完了，在大學裡不會是個好學生，在社會裡不會是個有用的人才。我原在這裡提醒青年學生們的注意，也請學生的父兄教師們注意。

我們的國家以前專注重文字教育，讀書人的指甲蓄得很長，手臉都是白白的，行動是文縐縐的，讀書可以從「學而時習之」背誦起，寫文章搖搖擺擺地會寫出許多好聽的詞句來，可是他們是無用的，不能動手，也不能動腳，連桌凳有一點壞了，也不能拿起斧頭釘子來修理。這種只能背書寫文章的讀書人就是沒有養成良好的習慣——動手動腳的習慣。

我在臺灣大學講《治學方法》時，講到一個故事：宋時有一新進士請教老前輩做官的祕訣，老前輩告訴他四個字：勤謹和緩。這四個字大家稱為做官的祕訣，我把它看作做人、做事、做學問的祕訣。簡單的分別說：

勤，就是不偷懶，不走捷徑，要切切實實，辛辛苦苦地去做。要用眼睛的用眼睛，用手的用手，用腳的用腳，先生叫你找材料，你就到應該到的地方去找。叫你找標本，你就到田野，到樹林裡去找，無論在實驗室裡，在自然界裡，都不要偷懶，一點一滴的去做。

謹，就是謹慎，不粗心，不苟且，以江浙的俗話來說，不拆爛汙。寫漢字，一點、一橫也不放過；寫外國字，「i」的點、「t」的橫，也一樣不放過；做數學，一個圈、一個小數點都不苟且。不要以為這是小事情，做小事關係天下的大事，做學問關係成敗，所以細心謹慎，是必須養成的習慣。

和，就是不要發脾氣，不要武斷，要虛心，要和和平平。什麼叫做虛心？腦筋不存成見，不以成見來觀察事實，不以成見來對待人。就做學問來說，要以心平氣和的態度來做化學、數學、歷史、地理，並以心平氣和的態度來學語文。無論對事，對人，對物，對問題，對真理，完全是虛心的，這叫做和。

緩，這個字很重要，「緩」的意思是不要忙，不輕易下結論。如果沒有緩的習慣，前面三個字就不容易做到。譬如找證據，這是很難的工作，如果限定幾點鐘交卷，就不能做到「勤」的工夫；忙於完成，證據不夠，不管它了，這樣就不能做到「謹」的工夫；匆匆忙忙地去做，當然不能做到「和」的工夫。所以證據不夠，應當懸而不斷，就是姑且先掛在那裡，懸而不斷，並不是叫你擱下就不管，是要你勤，要你謹，要你和。緩，就是南方人說的「涼涼去吧」，緩的意思，是要等著找到了充分的證據，然後根據事實來下判斷。無論做學問、做事、做官、做議員，都是一樣的。大家知道治花柳病的名藥「六〇六」吧？什麼叫「六〇六」呢？經過六百零六次的試驗才成功的。「九一四」則試驗了九百一十四次。達爾文的生物進化論，認為動植物的生存進化與環境有絕大的關係，也費了三十年的工夫，到四海去蒐集標本和研究，並與朋友們往復討論。朋友們都勸他發表，他仍然不肯。後來英國皇家學會收到另一位科學家華萊士的論文，其結論與達爾文的一樣，朋友們才逼著達爾文把研究的結論公布，並提出與朋友們討論的信件，來證明他早已獲得結論，於是皇家學會才決定同華萊士的論文同時發表，達爾文這種持重的態度，不是缺點，是美德，這也是科學史上勤謹和緩的實例。值得我們去想想，作為榜樣，尤其青年學生們要在中學裡便養成這種習慣。有了這種好習慣，無論是做人做事做學問，將來不怕沒有成就。

中學生高中畢業後，面臨的問題是繼續升學或到社會去找職業。升學應如何選科？到社會去如何擇業？簡單地說，有兩個標準：

一、社會的標準。社會上所需要的，最易發財的，最時髦的是什麼？這便是社會的標準。臺灣大學錢校長告訴我說，今年臺大招生，投考學生中外文成績好的都投考工學院，尤其是考電機工程、機械工程的特多，考文史的則很少，因為目前社會需要工程師，學成後容易得到職業而且待遇好。這種情形，在外國也是一樣的，外國最吃香的學科是原子能、物理學和航空工程，幹這一行的，最受歡迎，最受優待。

二、個人的標準。所謂個人的標準，就是個人的興趣、性情、天才近哪門學科，適於哪一行業。簡單地說，能幹什麼。社會上需要工程師，學工程的固不憂失業，但個人的性情志趣是否與工程相合？父母兄長愛人都希望你學工程，而你的性情志趣，甚至天才，卻近於詩詞、小說、戲劇、文學，你如遷就父母兄長愛人之所好而去學工程，結果工程界裡多了一個飯桶，國家社會失去了一個第一流的詩人、小說家、文學家、戲劇學家，不是可惜了嗎？所以個人的標準比社會的標準重要。因為社會標準所需要的太多，中國人常說社會職業有三百六十行，這是以前的說法，現在何止三百六十行，也許三千六百行，三萬六千行都有，三千六百行，三萬六千行，行行都需要。社會上需要建築工程師、需要水利工程師、需要電力工程師、也需要大詩人、大美術家、大法學家、大政治家，同時也需要做新式馬桶的工人。能做新式馬桶的，照樣可以發財。社會上三萬六千行，既是行行都需要，一個人決不可能會做每行的事，頂多會二三行，普通都只能會一行的。在這種情形之下，試問是社會的標準重要？還是個人的標準重要？當然是個人的重要！因此選科擇業不要太注重社會上的需要，更不要遷就父母兄長愛人的所好。爸爸要你學賺錢的職業，媽媽要你學時髦的職業，愛人要你學社會上有地位的職業，你都不要管他，只問你自己和性情近乎什麼？自己的天才力量能做什麼？配作什麼？要根據這些來決定。

歷史上在這一方面，有很好的例子，義大利的伽利略（Galilei）是科學的老祖宗，是新的天文學家，新的物理學家的老祖宗。他的父親是一個數學家，當時學數學的人很倒楣。在伽利略進大學的時候（三百多年前），他父親因不喜歡，所以要他學醫，可是他讀醫科，毫無興趣，朋友們以他的繪畫還不壞，認為他有美術天才，勸他改學美術，他自己也頗以為然。有一天他偶然走過雷積教授替公爵府裡面做事的人補習幾何學的課室，便去偷聽，竟大感興趣，於是醫學不學了，畫也不學了，改學他父親不喜歡的數學。後來替全世界創立了新的天文學、新物理學，這兩門學問都建築於數學之上。

最後說我個人到外國讀書的經過，民國前二年，考取官費留美，家兄特從東三省趕到上海為我送行，以家道中落，要我學鐵路工程，或礦冶工程，他認為學了這些回來，可以復興家業，並替國家振興實業。不要我學文學、哲學，也不要學做官的政治法律，說這是沒有用的。當時我同許多人談過這個問題。以路礦都不感興趣，為免辜負兄長的期望，決定選讀農科，想做科學的農業家，以農報國。同時美國大學農科，是不收費的，可以節省官費的一部分，寄回補助家用。進農學院以後第三個星期，接到實驗系主任的通知，要我到該系報到實習。報到以後，他問我：「你有什麼農場經驗？」我說：「我不是種田的。」他又問我：「你做什麼呢？」我說：「我沒有做什麼，我要虛心來學，請先生教我。」先生答應說：「好。」接著問我洗過馬沒有，要我洗馬。我說：「我們中國種田，是用牛不是用馬。」先生說：「不行。」於是學洗馬，先生洗一半，我洗一半。隨即學駕車，也是先生套一半，我套一半。做這些實習，還覺得有興趣。下一個星期的實習，為苞谷選種，一共有百多種，實習結果，兩手起了泡，我仍能忍耐，繼續下去，一個學期結束了，各種功課的成績，都在八十五分以上。到了第二年，成績仍舊維持到這個水準。依照學院的規定，各科成績在八十五分以上的，可以多選兩個學分的課程，於是增選了種果學。起初是剪樹、接種、澆水、捉蟲，這些工作，也還覺得有興趣。在上種果學的第二學期，有兩小時的實習蘋果分類，一張長桌，每個位子分置了四十個不同種類的蘋果，一把小刀，一本蘋果分類冊，學生們需根據每個蘋果的長短，開花孔的深淺、顏色、形狀、果味和脆軟等標準，查對蘋果分類冊，分別其類別（那時美國蘋果有四百多類，現恐有六百多類了）、普通名稱和學名。美國同學都是農家子弟，對於蘋果的普通名稱一看便知，只需在蘋果分類冊裡查對學名，便可填表繳卷，費時甚短。我和一位郭姓同學則需一個一個的經過所有檢別的手續，花了兩小時半，只分類了二十個蘋果，而且大部分是錯的。晚上我對這種實習起了一種念頭：我花了兩小時半的時間，究竟是在幹什麼？中國連蘋果種子都沒有，我學它什麼用處？自己的性情不相近，幹嘛學這個？這兩個半鐘頭的蘋果實習使我改行，於是，決定離開農科。放棄一年半的時間（這時我已上了一年半的課）犧牲了兩年的學費，不但節省官費補助家用已不可能，維持學業很困難，以後我改學文科，學哲學、政治、經濟、文學，在沒有回國時，以前與朋友們討論文學問題，引起了中國的文學革命運動，提倡白話，拿白話作文，作教育工具，這與農場經驗沒有關係，蘋果學沒有關係，是我那時的興趣所在。我的玩意兒對國家貢獻最大的便是文學的「玩意兒」，我所沒有學過的東西。最近研究《水經注》（地理學的東西）。我已經六十二歲了，還不知道我究竟學什麼？都是東摸摸，西摸摸，也許我以後還要學學水利工程亦未可知，雖則我現在頭髮都白了，還是無所專長，一無所成。可是我一生很快樂，因為我沒有依社會需要的標準去學時髦。我服從了自己的個性，根據個人的興趣所在去做，到現在雖然一無所成，但是我生活的很快樂，希望青年朋友們，接受我經驗得來的這個教訓，不要問爸爸要你學什麼，媽媽要你學什麼，愛人要你學什麼。要問自己性情所近，能力所能做的去學。這個標準很重要，社會需要的標準是次要的。

贈予今年的大學畢業生

這一兩個星期裡，各地的大學都有畢業的班次，都有得多的畢業生離開學校去開始他們的成人事業。

學生的生活是一種享有特殊優待的生活，不妨幼稚一點，不妨吵吵鬧鬧，社會都能縱容他們，不肯嚴格地要他們負行為的責任。現在他們要撐起自己的肩膀來挑他們自己的擔子了。在這個國難最緊急的年頭，他們的擔子真不輕！我們祝他們的成功，同時也不忍不依據自己的經驗，贈他們幾句送行的贈言——雖未必是救命毫毛，也許做個防身的錦囊罷！

你們畢業之後，可走的路不出這幾條：絕少數的人還可以在國內或國外的研究院繼續做學術研究；少數的人可以尋著相當的職業；此外還有做官、辦黨、革命三條路；此外就是在家享福或者失業親居了。

第一條繼續求學之路，我們可以不討論。走其餘幾條路的人，都不能沒有墮落的危險。墮落的方式很多，總括起來，約有這兩大類：

第一是容易拋棄學生時代求知識的欲望。你們到了實際社會裡，往往學非所用，往往所學全無用處，往往可以完全用不著學問，而一樣可以胡亂混飯，混官吃。在這種環境裡即使向來抱有求知識學問的人，也不免心灰意懶，把求知的慾望漸漸冷淡下去。況且學問是要有相當的裝置的；書籍，實驗室，師友的切磋指導，閒暇的工夫，都不是一個平常要餬口養家的人的能容易辦到的。沒有做學問的環境，又誰能怪我們拋棄學問呢？

第二是容易拋棄學生時代理想的人生的追求。少年人初次和冷酷的社會接觸，容易感覺理想與事實相去太遠，容易發生悲觀和失望。多年懷抱的人生理想，改造的熱誠，奮鬥的勇氣，到此時候，好像全不是那麼一回事了。渺小的個人在那強烈的社會爐火裡，往往經不起長時期的烤煉就熔化了，一點高尚的理想不久就幻滅了。抱著改造社會的夢想而來，往往是棄甲拋兵而走，或者做了惡勢的俘虜。你在那牢獄裡，回想那少年氣壯時代的種種理想主義，好像都成了自誤誤人的迷夢！從此以後，你就甘心放棄理想人生的追求，甘心做現在社會的順民了。

要防禦這兩方面的墮落，一面要保持我們求知識的慾望，一面要保持我們對人生的追求。

有什麼好方法子呢？依我個人的觀察和經驗，有三種防身的藥方是值得一試的。

第一個方子只有一句話：「總得時時尋一兩個值得研究的問題！」

問題是知識學問的老祖宗；古往今來一切知識的產生與積聚，都是因為要解答問題——要解答實用上的困難和理論上的疑難。所謂「為知識而求知識」，其實也只是一種好奇心追求某種問題的解答，不過因為那種問題的性質不必是直接應用的，人們就覺得這是無所謂的求知識了。我們出學校之後，離開了做學問的環境，如果沒有一、二個值得解答的問題在腦子裡盤旋，就很難保持求學問的熱心。可是，如果你有了一個真有趣的問題逗你去想他，天天引誘你去解決他，天天對你挑釁笑你無可奈何他——這時候，你就會同戀愛一個女子發了瘋一樣，坐也坐不下，睡也睡不安，沒工夫也得偷出工夫去陪她，沒錢也得縮衣節食去巴結她。沒有書，你自會變賣家私去買書；沒有儀器，你自會典押衣物去置辦儀器；沒有師友，你自會不遠千里去尋師訪友。你只要有疑難問題來逼你時時用腦子，你自然會保持發展你對學問的興趣，即使在最貧乏的知識中，你也會慢慢地聚起一個小圖書館來，或者設定起一所小試驗室來。所以我說，第一要尋問題。腦子裡沒有問題之日，就是你知識生活壽終正寢之時！古人說，「待文王而興者，凡民也。若夫豪傑之士，雖無文王猶興。」試想伽利略（Galileo）和牛頓（Newton）有多少藏書？有多少儀器？他們不過是有問題而已。有了問題而後他們自會造出儀器來解決他們的問題。沒有問題的人們，關在圖書館裡也不會用書，鎖在試驗室裡也不會有什麼發現。

第二個方子也只有一句話：「總得多發展一點非職業的興趣。」

離開學校之後，大家總是尋個吃飯的職業。可是你尋得的職業未必就是你所學的，未必是你所心喜的，或者是你所學的而和你性情不相近的。在這種情況之下，工作往往成了苦工，就不感覺興趣了。為餬口而做那種非「性之所近而力之所能勉」的工作，就很難保持求知的興趣和生活的理想主義。最好的救濟方法只有多多發展職業以外的正當興趣與活動。

一個人應該有他的職業，也應該有他非職業的玩意兒，可以叫做休閒活動。往往他的休閒活動比他的職業還更重要，因為一個人成就怎樣，往往靠他怎樣利用他的閒暇時間。他用他的閒暇來打麻將，他就成了個賭徒；你用你的閒暇來做社會服務，你也許成個社會改革者；或者你用你的閒暇去研究歷史，你也許成個史學家。你的閒暇往往定你的終身。英國十九世紀的兩個哲人，彌爾（John Stuart Mill）終身做東印度公司的祕書，然而他的業餘工作使他在哲學上、經濟學上、政治思想史上都占一個很高的位置；史賓賽（Herbert Spencer）是一個測量工程師，然而他的業餘工作使他成為前世紀晚期世界思想界的一個重鎮。古來成大學問的人，幾乎沒有一個不善用他的閒暇時間的。特別在這個組織不健全的中國社會，職業不容易適合我們的性情，我們要想生活不苦痛不墮落，只有多方發展。

有了這種心愛的玩意兒，你就做六個鐘頭抹桌子工作也不會感覺煩悶了，因為你知道，抹了六個鐘的桌子之後，你可以回家做你的化學研究，或畫完你的大幅山水，或寫你的小說戲曲，或繼續你的歷史考據，或做你的社會改革事業。你有了這種稱心如意的活動，生活就不枯寂了，精神也就不會煩悶了。

第三個方法也只有一句話：「你得有一點信心。」

我們生當這個不幸的時代，眼中所見，耳中所聞，無非是叫我們悲觀失望的。特別是在這個年頭畢業的你們，眼見自己的國家民族沉淪到這步田地，眼看世界只是強權的世界，望極天邊好像看不見一線的光明——在這個年頭不發狂自殺，已算是萬幸了，怎麼還能夠保持一點內心的鎮定和理想的信任呢？我要對你們說：這時候正是我們要培養我們的信心的時候！只要我們有信心，我們還有救。

古人說：「信心（Faith）可以移山。」又說：「只要功夫深，生鐵磨成繡花針。」你不信嗎？當拿破崙的軍隊征服普魯士，占據柏林的時候，有一位教授叫做費希特（Fichte）的，天天在講堂勸他的國人要有信心，要信仰他們的民族是有世界的特殊使命的，是必定要復興的。費希特死的時候，誰也不能預料德意志統一帝國何時可以實現。然而不滿五十年，新的統一的德意志帝國居然實現了。

一個國家的強弱盛衰，都不是偶然的，都不能逃出因果的鐵律的。我們今日所受的苦痛和恥辱，都只是過去種種惡因種下的惡果。我們要收穫將來的善果，必須努力種現在新因。一粒一粒的種，必有滿倉滿屋的收，這是我們今日應有的信心。我們要深信：

今日的失敗，都由於過去的不努力。我們要深信：今日的努力，必定有將來的大收成。

佛典裡有一句話：「福不唐捐。」唐捐就是白白的丟了。我們也應該說：「功不唐捐！」沒有一點努力是會白白的丟了的。在我們看不見想不到的時候，在我們看不見的方向，你瞧！你下的種子早已生根發葉開花結果了！你不信嗎？法國被普魯士打敗之後，割了兩省地，賠了五十萬萬法郎的賠款。這時候有一位刻苦的科學家巴斯德（Pasteur）終日埋頭在他的化學試驗室裡做他的化學試驗和黴菌學研究。他是一個最愛國的人，然而他深信只有科學可以救國。他用一生的精力證明了三個科學問題：（1）每一種發酵作用都是由於一種黴菌的發展；（2）每一種傳染病都是一種黴菌在生物體內的發展；（3）傳染病的黴菌，在特殊的培養之下可以減輕毒力，使他們從病菌變成防病的藥苗。

這三個問題在表面上似乎都和救國大事業沒有多大關係。然而從第一個問題的證明，巴斯德定出做醋釀酒的新法，使全國的酒醋業每年減除極大的損失。從第二個問題的證明巴斯德教全國的蠶絲業怎樣選種防病，教全國的畜牧農家怎樣防止牛羊瘟疫，又教全世界怎樣注重消毒以減少外科手術的死亡率。從第三個問題的證明，巴斯德發明了牲畜的脾熱瘟的治療藥苗，每年替法國農家減除了二千萬佛朗的大損失；又發明了瘋狗咬毒的治療法，救濟了無數的生命。所以英國的科學家赫胥黎（Huxley）在皇家學會裡稱頌巴斯德的功績道：「法國給了德國五十萬萬佛朗的賠款，巴斯德先生一個人研究科學的成績足夠還清這一筆賠款了。」巴斯德對於科學有絕大的信心，所以他在國家蒙奇辱大難的時候，終不肯拋棄他的顯微鏡與試驗室。他絕不想他的顯微鏡底下能償還五十萬萬佛朗的賠款，然而在他看不見想不到的時候，他已收穫了科學救國的奇蹟了。

朋友們，在你最悲觀失望的時候，那正是你必須鼓起堅強的信心的時候。你要深信：天下沒有白費的努力。成功不必在我，而功力必不唐捐。

電子書購買　爽讀 APP

國家圖書館出版品預行編目資料

胡適的人生智慧——要怎麼收穫，先那麼栽：在知識與反思中培育獨立思考的力量 / 胡適 著 . -- 第一版 . -- 臺北市：崧燁文化事業有限公司，2024.05
面；　公分
POD 版
ISBN 978-626-394-267-7(平裝)
1.CST: 人生哲學 2.CST: 修身 3.CST: 文集
191.907　113005652

胡適的人生智慧——要怎麼收穫，先那麼栽：在知識與反思中培育獨立思考的力量

臉書

作　　者：胡適
發 行 人：黃振庭
出 版 者：崧燁文化事業有限公司
發 行 者：崧燁文化事業有限公司
E-mail：sonbookservice@gmail.com
粉 絲 頁：https://www.facebook.com/sonbookss/
網　　址：https://sonbook.net/
地　　址：台北市中正區重慶南路一段六十一號八樓 815 室
Rm. 815, 8F., No.61, Sec. 1, Chongqing S. Rd., Zhongzheng Dist., Taipei City 100, Taiwan
電　　話：(02) 2370-3310　　傳　　真：(02) 2388-1990
印　　刷：京峯數位服務有限公司
律師顧問：廣華律師事務所 張珮琦律師

定　　價：350 元
發行日期：2024 年 05 月第一版
◎本書以 POD 印製
Design Assets from Freepik.com